国观智库
GRANDVIEW
中国企业走出去系列丛书
CHINESE ENTERPRISES GOING ABROAD SERIES

任力波 / 主编

THE BLUE OCEAN FOR GOING ABROAD

Investment Attractiveness Evaluation of One Belt One Road Countries for Chinese Enterprises

对外投资新空间

“一带一路”国别投资价值排行榜

钟飞腾　朴珠华　刘潇萌　滕卓攸　等 / 著

社会科学文献出版社
SSAP SOCIAL SCIENCES ACADEMIC PRESS (CHINA)

丛书编委会成员

摘　要

本书阐述了全球政治经济新形势下中国企业“走出去”面临的历史性机遇，并结合美国、日本对外投资的历史周期和相关对外投资研究成果，对中国对外投资即将大规模增长的趋势做了分析和预测。

本书以“一带一路”政策为大背景，在国内第一次系统地梳理了该政策所辐射的64个国家的政治、经济、制度以及基础设施状况，并详细解读了这一宏大的国家战略给中国企业“走出去”以及国内经济“新常态”带来的重大意义。

国观智库创新性地对“一带一路”政策所辐射的64个国家进行“国际通行指标”和“中国因素指标”的系统比对及重组，并根据这些综合指标对64个国家的投资价值进行了排行，为中国企业“走出去”提供了一本投资导航手册。

Abstract

This book elaborates on the historic opportunities for Chinese enterprises to invest overseas under the new global political and economic patterns, and based on the results of a comparative study on the American and Japanese foreign investment cycle and achievements, the book has made a forecast on the trend of Chinese OFDI which is expected to experience a great surge in the near future.

The book has come into being with the general background of the national initiative of "One Belt and One Road" strategy, and for the first time the book offers a systematic analysis on the circumstances of politics, economy, institution and infrastructure of all the 64 countries along the "One Belt and One Road" . Meanwhile, it elaborates on the important significance of this grand approach to Chinese enterprises overseas investment activities as well as to the new pattern of Chinese domestic economy.

Grandview ThinkTank has eventually generated a comprehensive ranking of the investment attractiveness for the 64 countries based on a creative evaluation system, not only has which taken the major internationally applied indicators into account, but more importantly, the special indicators tailored only to Chinese investors have been also included. The book is expected to serve as a compass for Chinese investors to "go abroad" .

序　言

张蕴岭*

2013年9月，习近平主席访问哈萨克斯坦时提出共同建设“丝绸之路经济带”的倡议，同年10月在访问东盟国家时提出共同建设“21世纪海上丝绸之路”的战略构想。由此，“一带一路”作为中国的一个新时期对外大战略浮出水面。前不久，中央召开中央财经领导小组会议，就如何落实“一带一路”战略进行研究。习近平主席指出，“一带一路”的提出是“时代的要求”，是“一个包容性的巨大发展平台”，“把快速发展的中国经济同沿线国家利益结合起来”。他要求，“要集中力量办好这件大事”，“要抓住关键的标志性工程，力争尽早开花结果”。这表明，落实“一带一路”战略正式提上日程。

中国的快速发展引起世界的高度关注，其中最为关注的是中国强大了要干什么，如何干。以往世界发展的历史表明，大国必争，强国必霸。尽管中国一再宣称，坚持走和平发展的道路，但是，别的国家仍然不太相信，听其言，观其行，这也不难理解。人们担心，一旦中国采取扩张型战略，与美国争夺影响力，世界就会陷入“修昔底德陷阱”，发生大国争端，进而引发大的战争。作为宣示不走传统大国崛起道路的实践，中国主动提出与美国构建基于不对抗、开展对话与合作的新型大国关系；同时，也通过倡导和推进“一

* 作者为全国政协委员，中国社会科学院学部委员，国际研究学部主任。

带一路”战略，破除人们对中国会实施扩张性战略的疑虑。中国希望以此向世界表明，中国致力于和平发展的承诺不是空话，立志要把实现合作共赢的承诺付诸行动。

发展中国家的快速发展是我们这个时代世界发展的一个突出特征。如何维护发展的大势，为发展中国创建可持续发展的环境，是时代的要求。鉴于中国是世界第二大经济体，是世界贸易大国，拥有世界第一的外汇储备，从总体上，中国要为世界的发展做出贡献，其中包括为发展中国家经济的发展创建更好的环境。“一带一路”可以作为推动发展合作的大平台，把中国经济的发展与其他国家的发展结合起来，通过中国的投入和带动，动员各方的积极性，打造新的发展空间，创建新的发展引擎。

长期以来，对于发展中国家来说，发展融资，特别是基础设施建设、长项目工程建设融资，非常困难。现行的国际金融机构能力有限，私人金融机构投资意愿不强，因此，基础设施的发展滞后，发展的综合环境改善缓慢。通过“一带一路”，创建合作性融资机构和其他多种形式的金融机构，可以破解融资瓶颈，中国也可以在这个平台上发挥更大的作用。为此，中国倡导成立金砖国家银行、亚洲基础设施投资银行、上海合作组织发展银行，宣布出资成立丝路基金等，目的就是如此。

“一带”，即丝绸之路经济带，是中国实现发展的地区均衡的战略，也是实现对外关系结构均衡的战略。我国开放发展从沿海地区开始，经过几十年，沿海地区获得了快速的发展，成为中国的经济重心，但是，这也导致两个大的不均衡：一是国内东西部发展不均衡，西部发展大大落后；二是对外关系的不均衡，东重西轻。丝绸之路经济带建设，一则为西部的发展拓展新的空间，二则为发展与中亚、西亚等国家的关系提供了新的平台与机遇。西部向来是我国的重要地区，发展西部地区，加强与中亚、西亚国家的关系，对于我国的整体发展和国家安全具有重要的意义。传统的丝绸之路，起自中国古代都城长安（今西安），经中亚国家、阿富汗、伊朗、伊拉克、叙利亚等而达地中海，以罗马为终点。这条路被认为是连接亚欧大陆的古代东西方文明的交汇之路。当今推动“一带”建设，并不是要简单地恢复历史上的大通道，而是要以“丝绸之路”的互利交往精神，建设新的开放与合作的经济发展带，把中国与沿线国用发展这个主线紧密连接起来，构建经济、政治、安全、人文全面链接的新关系，构建基于共同利益的命运共同体。

“一路”，即建设21世纪海上丝绸之路，旨在倡导和建设新时代的海洋新秩序。西方大国崛起后奉行的是基于控制海洋的“海权论”。中国要做海洋大国，是不是也要走海洋争霸、海洋霸权的老路呢？“一路”战略倡议就是一个最清晰的回答：中国要推动建设的是基于海上航行开放自由、海上共同安全和海洋资源共同开发的新秩序，从而实现合作发展的沿海经济带。公元前200年秦汉之际兴起的海上丝绸之路，在历史延伸中不断拓展为交通贸易的黄金路线。这条海道自中国东南沿海，穿过南中国海，进入印度洋、波斯湾，远及东非、欧洲，构成四通八达的网络，海上丝绸之路成为沟通全球文明的重要走廊。如今，“一路”战略下的内容不仅仅是打通基于开放安全的航海通道，而且还要推进发展合作，与海上相关国家共同打造沿海发展经济带，通过港口连接，为港口经济、沿海经济创建新的发展空间。

互联互通是“一带一路”大战略设计的支撑基础。实现互联互通，就是要构建基于基础设施、制度规章、人员交流三位一体的全方位链接，发展四通八达的基础设施网络（陆、海、空交通网络），实现“政策沟通、设施联通、贸易畅通、资金融通、民心相通”的“全方位、立体化、网络状的大联通”。互联互通的概念最早由东盟提出，后来扩展到东亚合作机制、亚太合作机制，如今，也成为“一带一路”建设的重要内容。对于发展中国家来说，发展的瓶颈是基础设施落后，各国间存在诸多妨碍物流、投资、服务以及人员流通的限制，互联互通网络建设不仅是要发展基础设施网络，而且也要消除妨碍交流的规制，制定统一的或者是互认的新规则，同时为了解决基础设施建设的融资瓶颈障碍，需要创建新的融资机构。显然，“一带一路”的大战略设计指导思想超越了自贸区和多边贸易体制，旨在推进综合发展环境的构建，也突破了以我为主的利益观，强调共同建设、共同发展。

我国有20多个近邻国家，陆海相接，构成特殊的关系。中国一向把加强同周边国家的睦邻友好定为国家对外关系的重点和外交的优先目标。2013年中央召开了周边外交工作座谈会，强调“无论从地理方位、自然环境还是相互关系看，周边对我国都具有极为重要的战略意义”，因此“要积极运筹外交全局，突出周边在我国发展大局和外交全局中的重要作用”。同时提出我国周边外交的基本方针是坚持与邻为善、以邻为伴，坚持睦邻、安邻、富邻，突出亲、诚、惠、容的理念。“一带一路”应运而生，标志着中国对与周边国家关系认识的重大战略性转变，新的国家战略日渐清晰，即推动基于合作共赢的利益共同体和命运共同体建设。“一带一路”将会使周边经济圈的联系更为紧密，而紧密的利益链接是构建中国与周边邻国命运共同体的基础。

改革开放以来，中国发展的第一阶段主要依靠吸收外资、扩大出口来加快发展。在经济总量位居世界第二后，进入发展的第二阶段，要实现经济发展方式的转型升级。周边地区是中国未来发展的最直接和最便利的新空间。周边地区，除了个别发达国家外，西北部、南部、东南部，包括南亚、东盟、中亚等国家都是发展中地区，这些地区发展愿望强烈，发展潜力巨大。通过推动“一带一路”，周边国家可以从中国的发展中得到好处，搭上中国发展的便车获得较快发展，与此同时，中国也会从周边国家的发展中获得更多的拓展机会，从而使周边地区成为中国延伸发展的依托带。当然，“一带一路”是一种跨区域的开放性框架，它是以我国周边国家和地区的发展为依托，从而进一步扩延的全球性战略。

实施“一带一路”战略，要先易后难，先近后远，抓住重点。重点当然是经济发展，但光搞经济也不行，还要拓展政治关系，发展安全合作，还需要注重文化建设。“一带一路”要靠各国共同参与，共同建设，要让相关国家的人民感受到“一带一路”的建设带给他们的利益，从而得到人民的支持。

“一带一路”的建设也面临诸多挑战。其一是战略疑虑，即对中国倡议的战略意图有怀疑。一些近邻国家怀疑中国借此实施扩张，对于合作共建基础设施网络存有疑虑，不太愿意让中国参与大通道的建设，把经济的问题政治化，一些非政府组织受到其他力量的鼓动，散布一些抵制中国参与的舆论；一些大国出于担心排斥自己的考虑，也对自己的伙伴国施加压力，甚至直接出面做工作，制造中国主导的舆论。对于互联互通中的跨境公路、铁路网络建设，一些国家表现出质疑，对于中国发展与一些国家的海上与港口合作，也赋予政治甚至军事含义。其二是如何妥善解决或化解争端。比如，建设 21 世纪海上丝绸之路，首先遇到的问题是需要妥善解决南海争端，创建搁置争议、合作建设的环境和气氛，以合作代替争斗。一则，要与争端当事国进行对话协商，增加合作的共识；二则，要加强与东盟组织的协商，在落实好《南海各方行为宣言》的基础上，尽早完成南海行为守则的谈判，签署协议。中国与东盟国家之间的海上丝绸之路建设要超越南海争端，走出争端，这方面做好了会有助于推动更大范围的海上丝绸之路项目的建设。其三是如何创建新的发展方式。以往我国与中亚国家的经贸关系主要是在资源领域，即开发利用中亚的资源，建设通往中国的能源输送管道。要建设丝绸之路经济带，就要改变简单的能源关系，在中亚地区建设资源加工业、加工制造业，以及服务业，使中亚地区的经济发展水平得到提升，只有中亚国家的经济得到更为全面的发展，彼此才可以从中得到更大的拓展空间。

国观智库开展“一带一路”战略下的对外投资研究，是一项非常有意义的工作，具有开创性和开拓性。就推动“一带一路”下的投资机会而言，一是由政府推动的合作开发项目所带来的机会，比如互联互通中的交通网络建设、产业园建设等；二是借机“一带一路”的大环境，进行投资，扩大产业链建设和开拓当地市场的建设等。就进行“一带一路”下的投资本身而言，一是涉及投资的规划制定，比如，产业、产品和市场的定位等；二是涉及对投资对象国的投资环境和投资风险的评估，如当地的政治、经济、政策环境，投资的收益和保障风险等。尽管“一带一路”是国家战略，但参与建设的主体还是公司企业，因此，从方式上是政府——企业伙伴联动（PPP），但即便如此，也需要对投资项目进行多项指标评估，以提高投资的效益，降低投资的风险。

国观智库的报告强调风险评估的重要性，并且提出关于基础设施、经济发展、政治与制度环境等重要领域的分析框架，测算出可以相比较的指标和指数。这对于政府制订实施方案，企业制定参与决策都很有价值，具有直接的参考意义。

当然，关于“一带一路”的投资研究还刚开始。事实上，将来，不仅需要实施的前分析评估，而且更需要实施的后评估，需要研究与此有关的评估指标体系。希望国观智库能够为这方面的工作做出前瞻性的研究，提出创新性的成果。

目录 Contents

目录

前　　言

2013年，中国已成为全球第三大资本输出国，流量首破千亿美元，仅次于美国和日本。自2003年以来，中国对外直接投资流量已实现连续11年增长，年均增长率高达39.8%。

中国“走出去”的腾飞既是中国经济崛起的结果，亦得益于中国政府的政策支持。

从党的十五大报告第一次谈到对外投资、十六大报告明确提到“走出去”，到十七大报告提出“培育我国的跨国公司”，再到十八大报告明确表示“培育一批世界水平的跨国公司”。中国政府对“走出去”的推动在战略上愈加重视、战术上愈加明晰。2004年7月16日，国务院通过《国务院关于投资体制改革的决定》，区分了“由国务院投资主管部门核准”与“由地方政府投资主管部门核准”两大类别的项目，并细分了以行业和金额为基础的核准和备案制度。这是中国政府为推动“走出去”战略在政策体系上做出的重大调整。2014年11月18日，国务院发布的《政府核准的投资项目目录（2014年本）》将境外投资核准制改为备案制，取消了中国企业境外投资项目99%的核准。可以预见，中国企业“走出去”将迎来一个新的高潮。

在新的“走出去”形势下，中国政府不断积极引导。2013年秋天，习近平主席在哈萨克斯坦和印度尼西亚访问期间分别提出建设“丝绸之路经济带”和“21世纪海上丝绸之路”，强调相关各国要打造互利共赢的“利益共同体”

和“命运共同体”，确定了“一带一路”战略思想。2014年11月北京APEC会议之后，中央进一步明确了通过“互联互通”建设对接沿线国家的发展战略方针。

“一带一路”战略构想的提出顺应了世界发展大势。世界政治经济形势深度调整，欧亚板块经济地位的上升改变了中国地缘政治经济战略部署。亚洲新合作浪潮为中国发展新的战略手段提供了良好的外部环境。同时，新兴市场对外投资高涨，全球投资治理格局发生变迁，助推中国对外投资的兴起和加速。

中国经济迈入新常态也在助推“一带一路”对外投资升级。近年来，中国经济高速增长、人均收入提高，为对外投资加速发展奠定基础。但随之而来的产能过剩和外汇储备过剩导致资源及资产配置问题突出，需合理转移以支持中国企业“走出去”。另外，通过“一带一路”建设加强对外投资有助于平衡中国地区发展，弥补西部大开发未能改变的长期东西部发展不平衡状况。

“一带一路”以中国为东部起点，一路向西，北端直到西欧地区，包括东南亚、南亚、中亚、西亚北非、中东欧地区的64个国家。除中国外，共涵盖30.8亿人口，GDP规模达到12.8万亿美元，分别占世界的44%和17%，是世界经济最具活力的地区，沿途大多为发展中国家，多数国家后发优势强劲，发展空间大，在64个沿线国中，GDP超过5000亿美元的国家有6个。“一带一路”理念一旦变成现实，将成为世界跨度最长、最具发展潜力的经济走廊。

近年来，“一带一路”沿线国吸收FDI流量增速放缓，但中国从2008年起对“一带一路”沿线国的投资则处于快速增长阶段。2013年，中国对“一带一路”沿线国的投资流量高达126.34亿美元，是2008年的3倍还多。但与“一带一路”沿线国吸收外资的总量相比，规模仍然较小，占比只有3.7%。不过，未来发展潜力很大。

中国企业加大对“一带一路”沿线国的投资是中国实现“一带一路”战略的关键一环。但针对企业如何选取东道国，目前中国业界却缺乏系统性研究。西方国家尽管不乏相关报告，但鲜少与中国相关，与中国企业在“一带一路”投资相关的更是少之又少。本书首次以“一带一路”沿线国为研究样本，参考了五大原创思想来源（世界性组织、地区性组织、智库、大学与知名金融咨询公司）的国际投资报告或学术文献，梳理出政治（Politics）、经济（Economy）、制度（Institution）、基础设施建设（Infrastructure）四大类指标，通过实证检验分析了 2008 年至 2013 年中国企业对外直接投资的动机与限制因素对投资流量的影响，构建了中国在"一带一路"沿线国投资的评估体系（四大类因素），以甄别中国对外直接投资目的地。

这 18 个指标分别是，类别一，政治因素——政治风险、领导人访问次数、腐败程度、犯罪成本；类别二，经济因素——自然资源出口、自然资源经济租金、东道国吸收 FDI 程度、汇率波动性、双边进出口总额以及 GDP 经济因素；类别三，制度因素——是否签署双边投资协定、信贷融资便利度，税务系统以及劳动监管；类别四，基础设施因素——交通运输、通信以及电力。

根据上述指标，国观智库经过实证检验和专家所赋权重，推出"一带一路"沿线国投资排行系统。2014 年，投资国别价值排行总榜中前十名的国家依次为新加坡、俄罗斯、哈萨克斯坦、沙特阿拉伯、越南、阿联酋、马来西亚、波兰、黑山和卡塔尔。其中，政治指标排行榜中前五名依次为俄罗斯、哈萨克斯坦、新加坡、斯洛文尼亚和阿联酋。经济指标排行榜中前五名的国家依次为沙特阿拉伯、俄罗斯、蒙古、印度和新加坡。制度指标排行榜中前五名依次为越南、乌克兰、阿尔巴尼亚、埃及、亚美尼亚。基础设施指标排行榜中前五名的国家依次为新加坡、阿联酋、斯洛文尼亚、以色列和克罗地亚。

由于 2014 年排行榜引用的数据大多为 2013 年数据（部分为 2012 年数据），因此未能反映 2014 年发生的最新情况，国观智库提醒投资者在阅读排行榜的过程中，注意俄罗斯、乌克兰、越南、马来西亚近期的政经形势变化。

最后，在 64 个国家中，国观智库认为黑山共和国（总分数排名第 9、中国投资 32 万美元）、斯洛文尼亚（总分数排名第 12、中国投资 500 万美元）、克罗地亚（总分数排名第 14、中国投资 831 万美元）、科威特（总分数排名第 16、中国投资 8939 万美元）与阿曼（总分数排名第 18、中国投资 1750 万美元）为投资潜力型国家。中国投资者可给予更多关注。

第一章　全球政治经济形势下的中国“走出去”

跨国公司与国家实力地位密切相关。

19世纪的很长时间内，中国是一个世界级农业经济强国，并没有产生世界级的跨国公司。工业革命后，英国迈入现代工业社会，为了争夺原材料和海外市场、开展国际竞争，英国诞生了一批跨国公司。二战后，美国的实力地位为美国跨国公司主导全球市场奠定了基础，美国政府的对外战略助益跨国公司成长，而美国公司也成为美国实力地位的象征。

从20世纪90年代中后期起，中国政府逐步明确，改革开放的进一步发展需要发展海外业务，而企业要获得国际地位，也必须经营国际大市场，在海外开展相关业务。中国企业“走出去”战略是特定阶段对国际竞争的一种反映，也是进一步增强综合国力的战略考虑，其地域和产业分布具有社会主义发展中大国的特点。

中国企业的海外发展，除了要适应国内市场体系的变革性需求，还必须在国际政治经济体系中博弈，面临的难题和挑战要比历史上的西方跨国公司更为复杂和艰巨。美国和日本对外投资的强势地位，其重要背景是美国霸权主导体系，企业经营的国内环境和国际环境相对比较统一，并且获得了以美元为主体的货币体系和美国军事优势地位的支撑。中国是美国主导的国际体系的融入者，国家的政策体系与企业经营的政策体系都要逐步适应这个进程。

与美日相比，中国对外投资仍处于早期发展阶段，未来的发展前景非常广阔，但也面临着一系列的挑战，须切实追踪国际环境变迁，加强对外投资的评估。

"走出去"的政策演进

中国经济的飞速发展得益于开放的亚太地区形势，得益于快速融入东亚生产网络。20 世纪 80 年代末亚太经合组织（APEC）的成立标志着太平洋两岸政府间关系的深度调整，一方面，美国开始将其战略重心逐步向亚洲地区转移。这种转移首先是美国对外贸易格局转变的结果，亚洲占美国对外贸易额的比重大大超过欧洲。太平洋西岸的日本、亚洲"四小龙"已经成为美国商界不可忽视的力量。这股力量要求美国政府对此做出重大调整。另一方面，美日经济关系经过十多年的摩擦，已经无法在双边层面解决所有问题，势必要借助多边机制扩大调整的空间，世界贸易组织（WTO）的诞生正缘于此，而美日经济关系得以在一个新的多边框架内，通过振兴服务业经济有所缓和。

上述区域格局变化，正是中国于 20 世纪 90 年代迈向社会主义市场经济建设的重要国际背景。中国通过进一步改革开放，加速吸引外资，推进出口导向的发展战略，进一步融入日本主导的地区生产网络。由于中国拥有大量廉价劳动力，在欧美制造业转移过程中获得大发展的机会，承接了大量的出口加工工业，加速了国内产业升级和产业工人培训，中国经济增长表现出色。但总体来看，这一时期中国的经济实力和国际影响力还比较低，20 世纪 90 年代初，中国的经济总量只有日本的十分之一，中国并非日本对外战略的重心，中国也难以引领亚太地区走势。

1997 年 9 月，党的十五大报告第一次谈到对外投资，"鼓励能够发挥我国比较优势的对外投资"。而 2002 年 10 月的十六大报告则明确提到"走出去"，"实施'走出去'战略是对外开放新阶段的重大举措。鼓励和支持有比较优势的各种所有制企业对外投资，带动商品和劳务出口，形成一批有实力的跨国企业和著名品牌"。其中提到的"各种所有制企业"包括了民营企业，这显然是党的十五大以来国企改革的一项重要成果。而“带动商品和劳务出口”表明当时中国政府意识到中国对外投资将有效促进对外贸易，这种投资贸易关系反映了东亚的特色，即东亚地区作为一个比较完整的生产网络具备投资贸易的正向联系。而党的十六大报告对品牌的强调，意味着中国企业国际拓展的外部环境相当严酷。

从党的十五大到十六大，中国的地区环境经历了两个较大转变。第一，1997 年爆发东南亚金融危机。在金融危机期间，中国坚持人民币不贬值，积极实施对外经济援助，为东南亚国家维护宏观经济和国内政治稳定做出积极贡献。区域内中小国家开始积极认识中国，这一政治成果为日后中国开拓地区经济合作关系奠定了基础，特别是有益于 2002 年开始的中国—东盟自贸区建设。第二，20 世纪 90 年代末，中国与美国就中国加入 WTO 达成了协议。作为国际体系的主导者，美国在克林顿总统任期内，国内经济表现出色，其国内舆论亦对全球化的扩大表现出乐观心态，因此乐意看到中国融入国际体系。2001 年底，中国顺利加入 WTO，这一战略性安排不仅扩大了中国的开放空间，也进一步促进了国内改革。中国经济由此进入赶超阶段，经济总量从世界第六飞跃到世界第二，成为亚洲最大经济体。

党中央和国务院不断出台扶植政策，助推中国“走出去”投资规模的扩大。

2004 年起，中国对外投资已经有了快速飞跃，而 3 年后的政府工作报告就公布了对“走出去”的扶持策略，其中提到了“能源资源互利合作”，这与日本 20 世纪 60、70 年代的对外投资模式具有类似性。日本当时通过对东南亚以及中东地区的投资，大规模获取日本经济飞速发展需要的原材料以及当地市场。部分英文媒体在报道中国企业的对外投资时，指责中国是“新殖民主义”，认为中国给东道国的贡献非常少，只是为了获取原材料。实际上，在 19 世纪后期到 20 世纪中叶，英美等发达国家的跨国公司在亚非拉地区的投资模式亦主要是为了获取原材料，同时，这些跨国公司还充当了拓展国家力量的一种手段。

正是认识到国际社会的批评和指责，2007 年党的十七大报告中强调：“创新对外投资和合作方式，支持企业在研发、生产、销售等方面开展国际化经营，加快培育我国的跨国公司和国际知名品牌。积极开展国际能源资源互利合作。"到了党的十八大，政策明确表示"加快走出去步伐、增强企业国际化经营能力，培育一批世界水平的跨国公司"。与21世纪初的规划相比，党的十八大报告的目标更为宏大，主要体现在鼓励培育"世界级"跨国公司上。与英、美、日历时百多年的政策演进体系相比，中国对"走出去"政策的推进相当之快。美国与日本是跨国投资的领先者，但是中国通过快速学习，特别是通过大规模地招商引资促进本地经济成长，认识到在国际市场竞争需要培育一批具备国际影响力的公司，以资本的力量改善和促进中国经济增长的外部环境。

但是在管理中国企业"走出去"的制度方面，中国目前还没有一部与国际惯例接轨的《境外企业投资法》，因此对境外投资主体、投资形式、审批程序、资金融通、技术转让、利益分配、企业管理、争议解决等问题还缺乏足够明晰的体系性规则。

投资制度对推进中国企业走出去而言是重要的一环。

首先，国际投资制度的发展与资本主义体系的扩张紧密相连，在早期，国际投资制度的推动者是诸如东印度公司之类的国际贸易公司，到了英国帝国主义时代，推动者则成为了英国新兴阶层。当这些霸权国家获得了国际地位之后，在公司的对外投资领域试图压制其他国家的合法竞争。为了突破这种约束，二战战败后的德国率先进行投资制度的创新，于20世纪50年代相继与一些国家签署双边投资协定。

中国改革开放之初，一大批欧洲国家与中国签署双边投资协定，抢占中国的市场。中国在后期推进自身的跨国公司海外发展时，也大量借鉴了欧洲的经验，与大多数国家签署了双边投资协定。双边投资协定的基础是政府间协议，为跨国公司在两个国家之间转移资产提供了规范的行为准则。中国大规模签署协议，特别是近年来与发展中国家签署协议，很大程度上要服务于中国企业的国际资产转移，比如需要对中国在国外投资盈利资金的使用进行规定，规定何时、何种程度上允许在东道国的盈利汇回中国或汇到第三国。

完善的投资法还包括规范跨国的企业文化管理。中国企业对外投资的国际环境异常复杂，除了政治经济体系的差异之外，还相当欠缺对东道国文化传统的认识。比如，当中国企业去非洲、东南亚这些文化环境与中国不一样的国家投资时，如何通过招聘当地人员经营管理驻外子公司就是一项大的挑战。企业文化的不同，将影响到规章制度落实的有效性，比如部分国家劳工法规定工人在宗教活动期间以及当地规定的时间段内不许加班。

在国际贸易领域，WTO 规定了企业的行事规则；在金融领域，国际货币基金组织（IMF）规定了国家银行经营和国际贷款方面的一套规则。但是，在国际投资领域，尚无一套被国际社会普遍认可的明文法律，只有双边或者地区的规范约束。比如，20 世纪 80 年代以后在西方世界兴起的企业社会责任体系，就越来越约束企业在东道国的经营行为，让企业在“经济人”的基础上增加“社会人”的范畴，考虑了企业的经营对东道国社会产生的广泛影响。

党的十六大之后，为了响应“走出去”战略的实施，中国政府在政策体系上进行了大规模的改进。2004 年 7 月 16 日，国务院通过《国务院关于投资体制改革的决定》(以下简称《决定》)。《决定》区分了“由国务院投资主管部门核准”与“由地方政府投资主管部门核准”两大类别的项目，并细分了以行业和金额为基础的核准和备案制度。《决定》规定，第一，中方投资 3000 万美元及以上资源开发类境外投资项目由国家发展和改革委员会核准；第二，中方投资用汇额 1000 万美元及以上的非资源类境外投资项目由国家发展和改革委员会核准；第三，上述项目之外的境外投资项目，中央管理企业投资的项目报国家发展和改革委员会、商务部备案；其他企业投资的项目由地方政府按照有关法规办理核准；第四，国内企业对外投资开办企业（金融企业除外）由商务部核准。

从《决定》来看，核准中国企业进行境外直接投资的关键点，在于项目的资金额度以及是否资源类项目。如果是资源类项目，那么统一由发改委核准。商务部负责核准开办企业类的投资。其他小额的非资源类投资由地方核准。根据《2004 年中国对外直接投资统计公报》数据，2004 年中国企业实施的境外投资中，中央管理的企业仅占投资主体的 4.2%。

其他参与对外投资审批与管理的部门还包括财政部、国资委、工信部、银监会、保监会等部门。其中，财政部、国资委和工信部主要是针对各自负责的国有资产进行管理，而中国人民银行、银监会和保监会主要是对金融机构进行管理。

另外需要注意的是，中国政府还出台了一些金融政策对直接投资进行鼓励，其实施主体包括国家开发银行、中国进出口银行和中国出口信用保险公司，也包括近些年中国设立的各类基金，比如中瑞合作基金（1998 年）、中国—东盟中小企业投资基金（2003 年）和中国 - 比利时直接股权投资基金（2004 年）、中非发展基金（2007 年）、上海合作组织基金和亚洲基础设施开发银行等。政策性金融机构和各类基金在促进对外投资方面确实发挥了一些实质性的作用。从当前来看，政策性金融机构对大项目的支持较充分，而对中小项目的支持还是不足的。

2014 年 11 月 18 日，国务院发布《政府核准的投资项目目录（2014 年本）》（以下简称《目录》），大大缩减需核准项目的类别，目录规定，第一，涉及敏感国家和地区、敏感行业的项目，由国务院投资主管部门核准；第二，前款规定之外的中央管理企业投资项目和地方企业投资 3 亿美元及以上项目报国务院投资主管部门备案。①

“走出去”的业绩

按照联合国贸易和发展会议（UNCTAD）的数据，自 2010 年起中国已经

① http：//www.gov.cn/zhengce/content/2014–11/18/content_9219.htm.

是全球第五大资本输出国，居发展中国家第一位，年度投资规模在 600 亿美元。1997 年，即党的十五大报告开始鼓励对外投资的时候，中国对外直接投资仍然相对较为平缓，但 2001 年加入 WTO 后，对外投资增长开始提速。即便在 2008 年全球金融危机期间，中国资本的流出也非常迅速。2010 年中国对外直接投资流量名列全球第 5 位，首次超过日本、英国等传统大国，创造了历史最高值。2011 年中国人均收入突破 4000 美元，进入中高等收入国家，对外直接投资进一步增长。到 2012 年党的十八大时，中国对外投资发生了迅猛的增长。也就是说，从数量上看，在中国政府提出促进中国对外投资国策的前十年，中国企业的海外布局还相对缓慢，但加入 WTO 后对国际经贸体制的学习大大加速了中国对外投资，尤其是全球金融危机期间，中国企业充分利用发达国家资产贬值、流动性匮乏的时机，大规模进行全球资产再配置，推动对外投资井喷式的发展。2013 年，中国对外投资首次超过 1000 亿美元。2014 年 1~10 月，中国非金融类对外直接投资达 818.8 亿美元，预计全年将超过 1100 亿美元（见图 1-1）。

在中国对外投资区域中，亚洲占有绝对压倒性地位，其次是拉美，然后是欧洲。在流量的地区分布上，2010 年亚洲占 65.3%，大约是拉丁美洲的 4

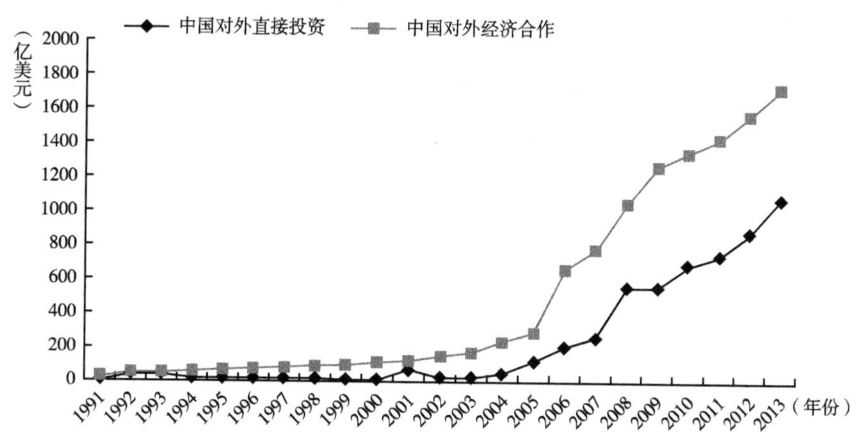

图 1-1 1991~2013 年中国“走出去”业绩（流量）

资料来源：国家统计局年度数据。

倍、欧洲的 7 倍、北美洲的 17 倍、非洲的 21 倍、大洋洲的 24 倍。在亚洲，外商直接投资（FDI，也称对外直接投资）大部分流向了中国香港，如果将香港的因素排除在外，拉美吸收的中国投资较亚洲还多，主要集中在矿产类、资源类投资。近两年中国对非洲直接投资有所增加。需要注意的是，一开始中国对亚洲的投资并不是领先的，2005 年中国对拉美投资最高，这与当年中国对拉美投资的石油、矿产等大项目有关（见图 1-2）。

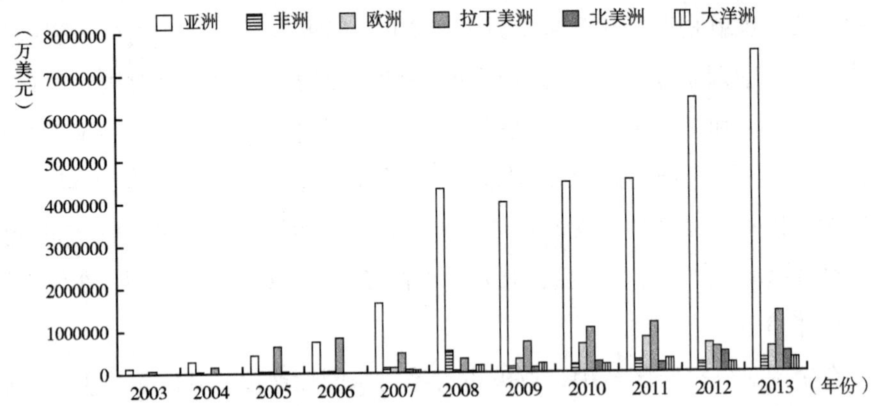

图 1-2　2003~2013 年中国对外直接投资流量的地区分布

资料来源：《2011 年度中国对外直接投资统计公报》《2013 年度中国对外直接投资统计公报》

在投资目的地方面，中国对外投资存量最多的地区是中国香港，然后是新加坡，第三是澳门，第四是缅甸。缅甸是中国矿产资源的一个重要来源地，巴基斯坦、哈萨克斯坦等都是丝路经济带上的重要国家。在丝路沿线国中，马来西亚、泰国、越南、老挝等中南半岛国家也都存在着重要的投资利益，而阿联酋、沙特、伊朗等中东西亚地区的国家也有可观的投资量。因此，中国在周边地带的投资相当突出，利益重大。

在非洲，中国对南非、尼日利亚的投资也很多。尼日利亚是非洲人口最多的国家，近年来经济增长也很快，属于全球增长前列的国家之一。赞比亚的铜矿资源丰富，苏丹、埃塞俄比亚近些年与华关系较为友好。过去几年，中国在埃及设立了数个工业园区，整体看埃及的发展较好。中国对卢森堡、德国等欧洲国家直接投资金额实际上都很小，甚至还不如缅甸。从投资金额来看，中国对发达国家投资还不多，但对发展中国家投资多。从国际经验看，如果是一个成熟的经济体对外投资的话，一定是对发达国家投资多，这与日本、韩国的对外投资类似。中国在拉美投资是在欧洲的 3 倍以上，也是非洲的 3 倍以上，所以重点是亚洲和拉美两个区域。

需要注意的是，中国对拉美的很多投资属于对离岸金融中心的投资。比如，对英属维尔京群岛、开曼群岛等“避税天堂”的投资就如此。近年来，以经合组织（OECD）为首的发达国家群体开始显著强化了对全球征税的管理，特别是在全球金融危机背景下，强化对跨国公司的征税有助于这些国家摆脱危机，可以预期在离岸金融中心的资产转移将面临更严格的监管。

中国对美国的投资也很多，但对美国来讲从中国来的外资占比很低。20 世纪 80 年代末日本经济强盛，对外投资额度很大，当时日本跨国公司对美投资占美国吸收投资的 11%，如今中国占美国吸收的外资比重还不到 1%，从这个意义上说，中美投资关系的深度和广度与当年日美经济关系紧密性差距还很大。

中国对外投资的产业构成一直在变动。从数量上看，进入有色金属、煤炭以及原油的采矿业类投资占中国总的对外直接投资的比重不仅从 2006 年的 40.4% 下降为 2010 年的 8.3%，其金额也从 2006 年的 85.4 亿美元下降为 2010 年的 57.1 亿美元。目前，占据中国境外投资主导地位的是租赁和商务服务业，2010 年的比重为 44%，金额达 302.8 亿美元，而 2006 年这一比重仅为 21.4%，大大低于采矿业的权重。这或许是多年前国际社会在谈论中国企业海外投资时过分注重资源类型的一个重要原因。但是，目前资源类型的投资已经跌出 2010 年中国境外投资前三位的位置，被金融业（12.5%）以及批发和零售业（9.8%）取代。目前，中国对外直接投资覆盖了国民经济所有行业类别，其中存量在 100 亿美元以上的行业有：租赁和商务服务业，金融业，采矿业，批发和零售业，交通、仓储和邮政业，制造业，六个行业累计投资存量 2801.6 亿美元，占中国对外直接投资存量总额的 88.3%（见图 1-3）。

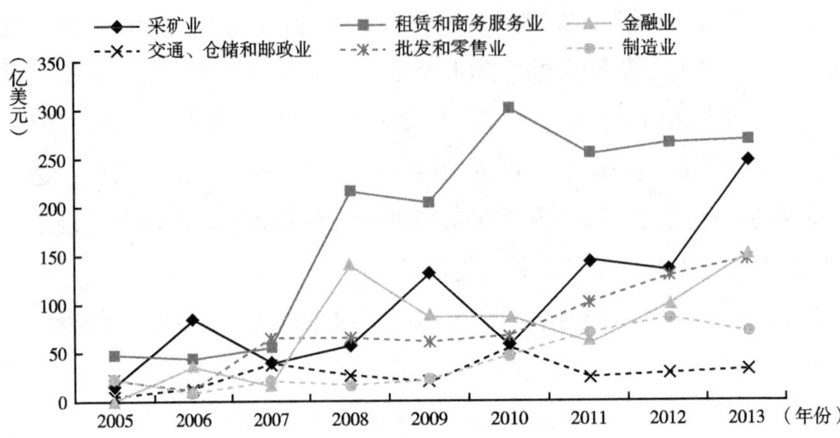

图 1-3　2005~2013 年中国对外直接投资流量的产业分布

资料来源:《2013 中国对外直接投资统计公报》

全球金融危机之后，中国对外投资的产业构成又有了较大变化。从图 1-3 可以看出，中国不再是资源能源投资主导，中国的投资结构发生了变化，对外投资在租赁和商务服务业领域的投资速度最快，制造业投资增速较慢。对于丝路经济带的未来投资，增速最快的可能是采矿业，随后是金融业，租赁和商务服务业，第三波可能是批发和零售业。

中国“走出去”的历史方位

中国改革开放获益于东亚生产网络，而中国对外投资的增长也与此相关。在国际经济领域，1985 年的“广场协议”推动的日元升值是一个十分重要的转折点。20 世纪 80 年代以来，对外投资流入的增速大于出口。日元汇率升值，促使日本的对外投资快速转向东亚地区，东亚地区的经济体则利用日本跨国生产转移，加速国内产业升级和出口导向战略的实施，亚洲“四小龙”的经济起飞加速。日本企业的出口由于汇率升值暂时下降，它通过东南亚市场再转口到美国去，亚太经济的一体化趋势得以加强。中国经济融入地区生产网络之后，借助于这些贸易投资通道迅速增长，中国公司也通过加工贸易获得了国际市场的经验和能力，这些是中国投资飞速增长的根本性地区环境和国际制度体系。

中国对外直接投资与亚洲经济体对外投资的兴起有直接关系。如图 1–4 所示，在所有发展中世界对外投资中，东亚占据了重要地位。冷战结束前后，美洲的对外投资下降，非洲的对外投资占比也下降，唯一增多的就是亚洲。在促进亚洲对外投资增长过程中，日本的贡献排在第一位，其次是韩国、新加坡、中国台湾地区和中国香港这“四小龙”。根据图 1–4 的曲线变化，投资下降的阶段是地区和全球经济萧条阶段，比如 1997 年东南亚金融危机对东亚对外投资打击甚大。2001 年后美国陷入网络经济泡沫，由于亚洲的最终消费市场在美国，其经济走势被美国经济拖累。亚洲对外投资与贸易关系紧密，深受发达国家影响，与世界经济周期十分相关。

从图 1–4 可以看出，中国对外投资地位的地区格局变化出现在全球金融危机前后。20 世纪 90 年代前期的增长不可持续，原因在于当时亚洲的对外投资刚刚起步，生产网络格局变化不够明显，日本的主导地位依然不可撼动。但随着中国经济最终跃居世界第二、亚洲第一，亚洲内部的投资格局也在发

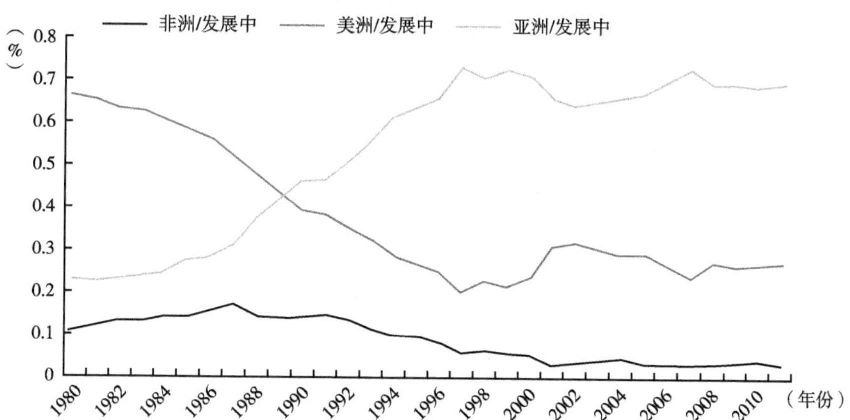

图 1–4　1980~2011 年亚非拉在发展中世界对外直接投资存量的地位

资料来源：UNCTAD

生变化。对外投资的流量固然重要，但存量更反映出历史性地位。流量代表某一年份的变化，有时会受到某些大项目实施的波动影响，而存量代表中国企业在东道国经营的时间长短，存量越多，意味着中国企业和这个国家的关系越深，因为企业的持续投资会产生众多的外溢效应，比如培育了对该企业经营的良好社会环境。

在某种程度上，中国对外直接投资与近年来新兴经济体对外直接投资的活跃遥相呼应。过去三十年来，新兴经济体的对外投资存量增长了近 24 倍，而发达国家增长了 34 倍。2009 年新兴经济体的 FDI 流出量达到了 408.46 亿美元，比 1980 年的 6.7 亿美元增长了 61 倍。2009 年，发达国家的流出量达到了 8206 亿美元，1980 年则为 484 亿美元。

从对外直接投资的存量规模分类，以 10 亿美元为一个等级衡量的话，新兴经济体的对外直接投资可以分为四个发展阶段。第一阶段是 20 世纪 80 年代前后，从 1980 年开始，累计对外直接投资存量超过 10 亿美元的经济体包括巴西、中国台湾、阿根廷、南非、墨西哥。第二阶段是 80 年代到 90 年代，从 80 年代中期开始突破 10 亿美元的经济体有新加坡、土耳其、中国、韩国。第三阶段是 90 年代之后，突破 10 亿美元的经济体有马来西亚、俄罗斯、智利、泰国、菲律宾、印度。第四阶段是进入 21 世纪之后，秘鲁于 2003 年超过 10 亿美元。如果以超过 100 亿美元来衡量的话，20 世纪 80 年代有巴西、中国台湾以及南非，进入 90 年代后有新加坡、中国、阿根廷和韩国。也就是说中国在对外直接投资领域起步早，但并不引人注目。中国真正在对外投资领域开始确立自己的地位是近十年，主要得益于中国政府的"走出去"战略。

从整个发展中国家群体来看，中国的对外投资占比呈现两个阶段性变化（见图 1-5）。第一阶段是从 20 世纪 80 年代到 90 年代初，这个阶段的主要特色是发展中国家的对外投资不断增长，中国的增速适中。真正进入全球化爆发的 90 年代，中国对外投资的占比反而有所下降。1992 年邓小平南方谈话后，中国对外投资呈增长趋势，但发展中国家整体的对外投资增长比中国更快，所以这个阶段中国经济崛起并不十分明显。第二阶段是 90 年代下半期和

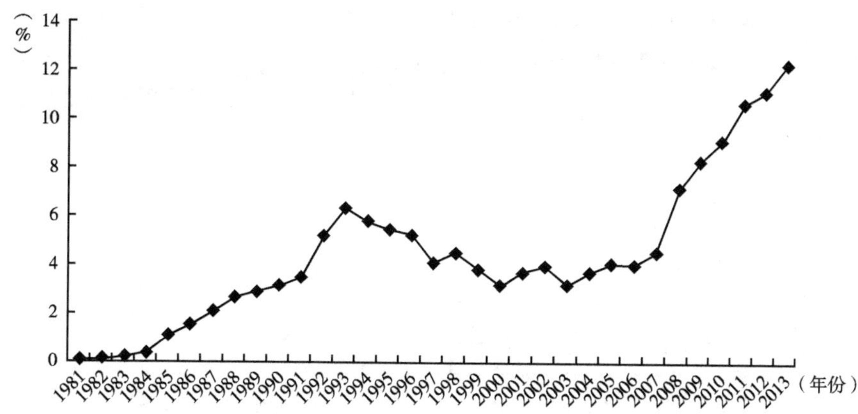

图 1–5　1981~2013 年中国 / 发展中世界对外直接投资规模（存量）

资料来源：UNCTAD

进入 21 世纪后，中国经济在全球金融危机后表现出色，全球背景下的中国崛起成为世界主流话题，而不是以往聚焦于中国从一个封闭社会走向开放带给世界的政治意义。

从图 1–5 可以发现，中国外资地位的提高得益于 2008 年全球金融危机。2004 年中国对外投资起飞之后，在发展中国家的占比并没有相应提高，比重维持在 4% 左右。全球金融危机之后比重开始上升，从 2007 年的 5% 左右上升至 2013 年的 13%。

当然，我们仍然要保持清醒。如图 1–6 所示，在国际投资格局中，长期以来都是发达国家占主导地位，冷战结束后其占比略有下降，尤其是进入 21 世纪以来下降速度较快。近年来发达国家 FDI 占全球比重跌破 80%，但基本格局仍然没有发生根本性变化，发达国家和发展中国家的对外直接投资存量比为 4∶1。发达国家对外直接投资比重大，很大一部分原因源于产业链的分工和相互投资，如汽车、电子产业的产业内贸易引发的投资，以及电信、IT 行业的并购等。发展中国家现在的一些投资方式，如股权、并购等，基本都是从发达国家那里学来的。在对外直接投资领域，发展中国家追赶发达国家的难度要大于国际贸易领域，尤其是需要花费较长时间培育一批有竞争力的跨国公司。

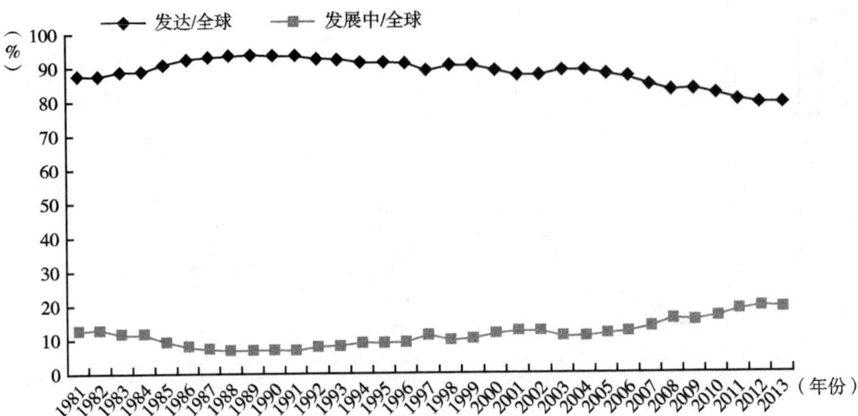

图 1-6　1980~2013 年发达国家与发展中国家对外直接投资存量占全球比重

资料来源：UNCTAD

如图 1-7 所示，中国、美国和日本的直接投资存量差距甚大。中国大致相当于美国 1984 年、1985 年的水平，相当于日本 20 世纪 90 年代中期的水平，与美国相差 25~30 年，与日本相差 20 年，这样的差距无法在短期内解决。尽管美国的占比不断下降，但其地位仍然相对较高。美国的相关数据波动较大，这是由于其依然是全球霸主，利益遍布全球，全球政治经济波动会影响到美国的对外投资，是否出手消除这些矛盾以及消除矛盾的效率，直接决定了美

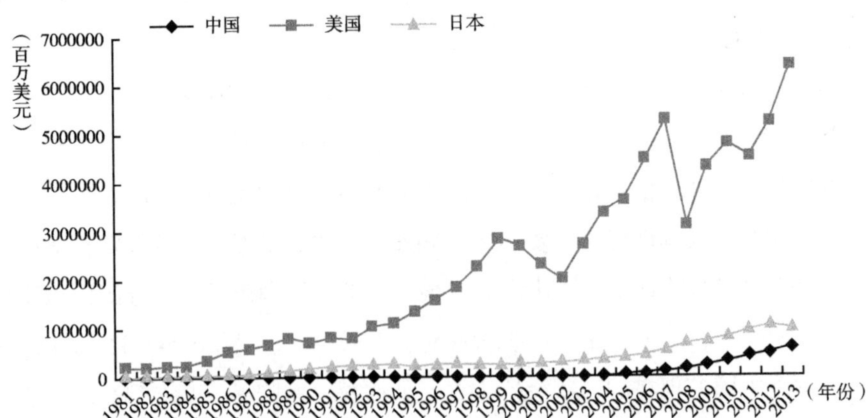

图 1-7　1981~2013 年中、美、日直接投资存量

资料来源：UNCTAD

国对外投资各种数据的波动情况。而中国的对外投资主要分布在中国香港，受世界政治经济形势的影响不大，数据波动较小。对外投资曲线波动幅度越小，意味着经济体的对外影响力越小，对外投资曲线波动越大，说明该国与世界经济的联系更紧密。

在对外直接投资领域，按照人均收入水平衡量一国的对外投资发展路径具有很大影响力。1981 年，英国跨国公司理论家约翰·邓宁（John Dunning）认为一国的对外投资额与该国人均收入呈正相关关系，而净投资额则表现出 S 形曲线。如图 1-8 所示（1996 年的修正模型和 1981 年模型）[①]，横轴是每个阶段的人均国民收入（GNI），纵轴是净投资额，曲线代表资本流进流出的净额，也就是吸引进来和投出去的差额。第一阶段是负数——吸收外商投资，第二阶段仍是负数，到了第三阶段，出现转折点，吸收的外商投资越来越少。目前，中国正处在第三阶段和第四阶段之间，对外投资额和吸收外资额开始齐平。下一个阶段，按照图示分析，对外投资额将会迎来一个井喷式增长。

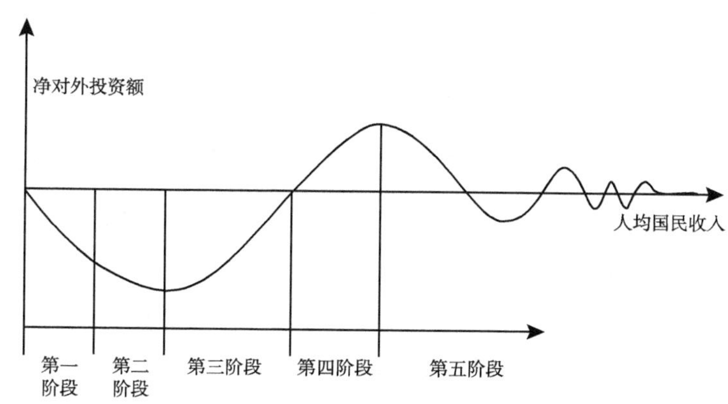

图 1-8 约翰·邓宁的投资发展路径

---

① John H. Dunning, “Explaining the International Direct Investment Position of Countries: Towards a Dynamic and Development Approach,” *Weltwirtschaftliches Archiv*, Vol.117, 1981, pp.30-64; John H. Dunning and Rajneesch Narula, “The Investment Development Path Revisited: Some Emerging Issues”, in John H. Dunning and Rajneesh Narula, eds., *Foreign Direct Invesetment and Governments*, London: Routledge, 1996, pp.1-41.

从图 1–9 可以看出，早在 20 世纪 70 年代，美国已经处于对外投资额较高的阶段，日本处在第三阶段到第四阶段之间。鉴于中国 2014 年对外投资额已经超过吸收外资额，在实践意义上对我们具有较大参考价值的是 20 世纪 70 年代的德国和日本。瑞典也是传统投资大国，新加坡、巴西、印度当时还处于第一、第二阶段，亚洲“四小龙”刚刚起飞，还没有进入邓宁的分析视野中。新加坡是一个例外，同时也比较典型，现在新加坡已是东盟最重要的对外投资国。比如，除了美国和日本外资之外，菲律宾吸收外资最多的来源国就是新加坡。20 世纪 70 年代新加坡经济开始起飞，人民行动党当时做出很重要的决定就是吸引外资，国际资本大量流入造船、化工行业。

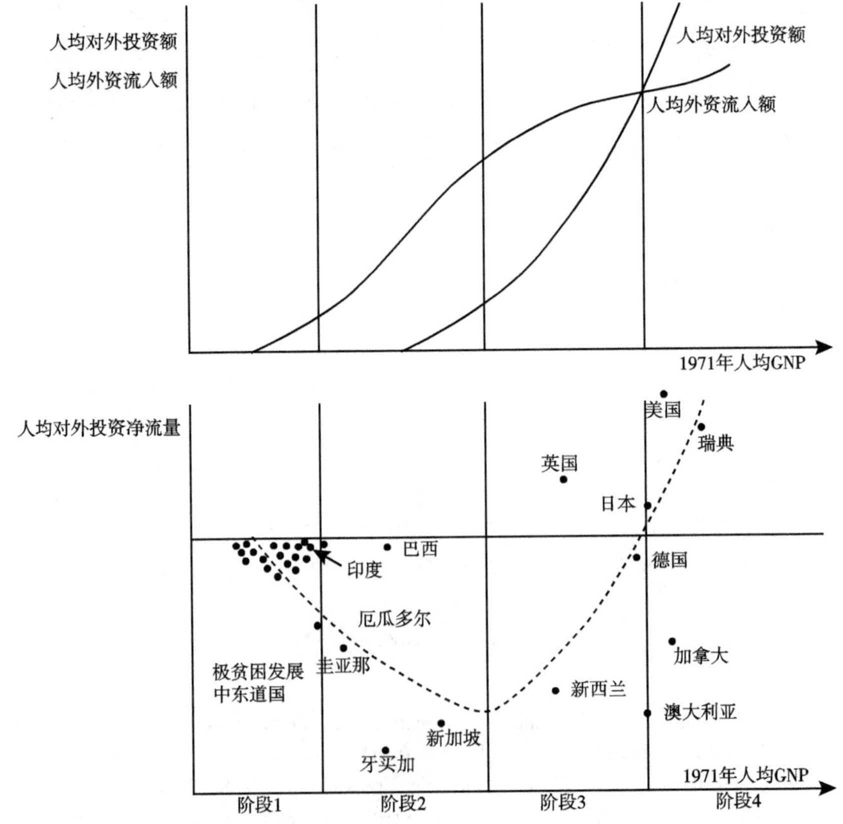

图 1–9　对外直接投资与收入水平的关系（1967~1975 年平均投资）

2010 年，中国人均 GDP 超过 4000 美元，已跻身中等收入国家行列。按照安格斯·麦迪逊（Angus Maddison）提供的数据，2010 年中国人均 GDP 为 8000 国际元①，相当于美国的 26%，处于韩国 20 世纪 80 年代中后期、日本 60 年代初的水平。按照 IMF 的购买力平价数据，2014 年中国人均 GDP 将达到 7600 美元，美国为 55000 美元；2019 年中国人均 GDP 将达到 11070 美元，美国为 67348 美元，中国数据将是美国的 16.5%。有经济学家预测，中国将在 2030 年成为高收入国家，根据邓宁理论的预测，收入水平的提高将会推进对外投资向更高的发展阶段演进，中国对外投资水平还将继续扩大。

历史经验表明，人均 GDP 达到 4000 美元时，是一个国家或地区发展的分水岭。跨过这一门槛之后，国家如果还能继续维持增长，通常会进入一个较长的经济高速增长通道。例如，20 世纪 60、70 年代，东亚的日本、韩国等相继实现人均 GDP4000 美元的突破。他们通过调整产业结构，发展重工业，实施出口替代战略，并积极鼓励大企业“走出去”，成功实现了产业结构由劳动密集型向技术、资本密集型转变，经济普遍保持了 10 年以上的高速增长，并很快实现了人均 GDP 由 4000 美元到 10000 美元的突破。

在进入分水岭阶段后，发达国家的经济发展逐渐由主要依靠投资驱动转向主要依靠创新驱动。由于人均消费迅速扩大，服务业获得大发展，“消费主导—服务业推动”的组合逐渐演进为经济增长的主导驱动力。在消费增长、创新驱动的格局下，中国社会面貌也将发生极大变化。在这个阶段，中国的工业化、城市化的形态，社会结构，法制体系，国家治理以及意识形态都会发生重大而深刻的变革。国内政治经济形态的重大变革，必然促使中国对外经济关系也发生重大变化。

从直接投资理论与产业升级研究成果来看，进行境外直接投资的国家，其产业结构将随着投资增多而逐渐优化。发达国家和新兴工业化经济体的产

① 经济学家麦迪森以 1990 年美元为基准水平，采用购买力平价和国际多边比较的方法，创造出“1990 国际元”，作为衡量经济总量和人均收入的单位，简称国际元（International dollar）

业结构演进已经证明了这一点。当然，这种效应的大小取决于投资的规模、动机、投资目的地以及企业的学习能力等。

总体上讲，积极实施"走出去"战略，提高对外直接投资的规模和质量，应与中国产业结构调整升级的发展要求相一致，即依靠对外直接投资推动产业结构从低级向高级发展，不断扩大第三产业在国民经济中的比重，推动知识密集型和技术密集型产业发展，大力发展新兴产业，特别是战略性新兴产业，促进国内产业由低附加值向高附加值转型。

从日本的经验看，20 世纪 70 年代中期，日本首要投资对象是亚洲，然后是北美、拉美。现在中国对外投资的地区分布也呈现这种特点，投资最多的是亚洲，然后是拉美。假设中国下一个 10 年的演变规律接近日本的话，那我们会发现中国的投资会在周边国家逐渐增多，但会逐步朝着发达地区转移，特别是对北美和欧洲的投资也会增多。目前中美双边投资协定正在谈判之中，一旦达成，中国对其投资还将继续扩容。

日本进入 20 世纪 80 年代后，对亚洲投资额占比下降，这似乎说明中国对丝绸之路经济带的投资将在未来一段时间达到一个高潮。20 世纪 70 年代，日本的汽车公司逐步开始在北美设立工厂。80 年代开始，日本企业开始大举推进对美国的公共外交，不仅向美国议员游说，也在大学、智库设立研究项目，推进社会责任体系建设，积极谋划占领美国、欧洲等全球发达市场。

20 世纪 70 年代，日本制造业对外投资占据主导地位，到了 80 年代随着日本经济的成熟，非制造业领域开始快速上涨。从制造业细分行业看，70 年代的时候，日本对外投资最大的是纺织业，其次是化工业，再次是金属和电子工业。到 80 年代的时候，对外投资已经比较成熟。但现在日本的电子工业已经衰弱，因为日本对外投资导致中国台湾地区、马来西亚和中国大陆的电子工业崛起，日本的电子工业已经不再占据主导地位，但日本的汽车产业仍然占据东亚的上游位置。整个 20 世纪，日本对外投资中的纺织业和木材业等制造业占比不断下降。中国未来可能会经历同样的过程，即制造业投资占比较大，然后服务业逐渐超过制造业，最终聚焦服务业。就行业特点而言，服务业遇到的矛盾相对较少，而制造业面临矛盾最多，比如裁员，在成熟的市场经济国家，制造业还会遭遇很多法律问题，如公会制度的挑战。

当前中国置身的国际环境与 20 世纪 80 年代日本所面临的国际环境不同，中国周边国家正在经历政治转型，经济发展也在加速。中国需要积极借鉴发达国家，特别是日本、韩国的对外投资经验，重视运用国际体系变革的机会塑造新的国际投资环境，重视对外投资给国内产业结构转型升级带来的机遇，深入评估外部投资环境的变迁，积极谋求推动中国跨国公司发展。

第二章　投资新形势下的“一带一路”战略

2013 年秋季，习近平主席在哈萨克斯坦和印度尼西亚访问期间分别提出建设“丝绸之路经济带”和“21 世纪海上丝绸之路”，强调相关各国要打造互利共赢的“利益共同体”和“命运共同体”。“丝绸之路经济带”与“21 世纪海上丝绸之路”统称为“一带一路”，从地理区域上看，主要包括东南亚、南亚、中亚、西亚北非和中东欧地区，几乎囊括欧亚大陆的大部分地区。2014 年 11 月 29 日，在中央外事工作会议上，习近平强调，当前和今后一个时期，我国对外工作要贯彻落实总体国家安全观，深化同周边国家的互利合作和互联互通，积极推进“一带一路”建设。

顺应世界发展大势

首先，世界政治经济形势深度调整，欧亚板块经济地位的上升改变了中国地缘政治经济战略部署。“一带一路”所囊括的区域为欧亚大陆，在地缘政治领域，欧亚大陆具有重大战略意义，是英国地缘政治学家麦金德定义的“世界岛”，也是美国战略学家布热津斯基所说的“地缘政治中轴”。中国与欧亚大陆的地理关系主要分为三个层级，中国西部地区（西北、西南）是欧亚大陆腹地的重要组成部分，中国东部地区是欧亚大陆的大周边，而整个中国是连接亚欧大陆和亚太板块的重心。[①] 近年来，世界经济格局发生变动，亚洲国家利用经济全球化实现崛起，全球经济重心东移。在 20 世纪 80 年代亚洲“四小龙”（韩国、新加坡、中国香港、中国台湾）、90 年代亚洲“四小虎”（泰国、马来西亚、印度尼西亚、菲律宾）步入发展快行道后，21 世纪以来，尤其是 2008 年金融危机之后，中国、印度、俄罗斯、土耳其、哈萨克斯坦等大国和中等强国也实现了快速发展。[②] 2013 年，亚洲地区的经济总量（GDP）占全球 38.3%，与 2010 年相比增长 9%。[③] 同时，欧洲逐渐从全球金融危机中复苏。2013 年，欧洲 GDP 增速为 0.1%，摆脱 2008 年金融危机后的 GDP 负增长困境。欧盟委员会预计到 2014 年，欧盟 GDP 增长率将达到 1.3%，并将于 2016 年达到 2.0%。[④] 另外，亚欧大陆之间的经济联系正在加强。以中国为例，2013 年欧盟已成为中国第一大贸易伙伴和第一大进口市场，中国亦已成为欧盟第一大进口市场、第二大贸易伙伴。[⑤] 中国的“一带一路”倡议将有效地增加亚洲与欧洲的黏合度，以基础设施建设带动欧亚形成一个“自我循环”的经济圈，将欧洲的先进资金、技术和市场，西亚、中亚地区丰富的资源和东亚（尤其是中国）的制造能力纳入一个体系，拉动整个欧亚经济的发展。[⑥]

其次，亚洲新合作浪潮为中国发展新的战略手段提供了良好的外部环境。近年来，受全球金融危机的影响，全球保护主义肆虐，WTO 多哈回合谈判也基本陷于停滞，使中国和其他新兴经济体诉求于双边和多边贸易协议（RTAs）。[⑦] 而随着亚洲各国经济一体化程度逐渐加深，亚洲合作再一次掀起新浪潮。现亚洲地区正在谈判中的区域协定有两个：一是“跨太平洋战略

---

① 翟崑:《突破中国崛起的周边制约》,《国际展望》2014 年第 2 期，第 7 页。

② 高祖贵:《亚洲整体性崛起及其效应》,《国际问题研究》2014 年第 4 期。

③ 亚洲开发银行数据，引用时间：2014 年 11 月 29 日。

④ 欧盟委员会:《2014 年秋季经济展望报告》。

⑤ 人民网:《2013 年中欧双方贸易 5591 亿美元，同比增长 2.1%》。

⑥ 孙兴杰:《丝绸之路的地缘政治学》,《经济学家》, 2014 年 10 月 25 日，总第 112 期。

⑦ 陈淑梅、全毅:《TPP、RCEP 谈判与亚太经济一体化进程》,《亚太经济》2013 年第 2 期。

经济伙伴协议（TPP）”，成员国共有12个（文莱、智利、新加坡、新西兰、美国、澳大利亚、秘鲁、越南、马来西亚、墨西哥、加拿大、日本），其中，美国于2008年加入TPP为其添加重要砝码，TPP成为美国重返亚太的重要战略支点，相应地，美国也是TPP的主力推动国。二是东盟发起的“区域全面经济伙伴关系（RCEP）”，覆盖16个国家（中国、日本、韩国、印度、澳大利亚、新西兰和东盟10国），现RCEP尚在谈判中，预计2015年底结束谈判。在2014年11月北京举行的APEC会议上，各成员一致决定推进亚太自贸区建设，推动贸易便利化，颁发亚太经合组织商务旅行卡，支持全球价值链发展，制定增长战略，推动环境产品和服务贸易，提高供应链绩效，推进互联互通，加强实施良好规制实践，解决下一代贸易投资议题。

“一带一路”战略是全球经济新格局下的“泛亚铁路网”。1960年，几个亚洲国家对修建新加坡到土耳其的铁路干线进行了可行性研究，但因干线沿线国国内战乱、国家冲突等因素难以实现。20世纪90年代，随着各国局势逐渐稳定，泛亚铁路再次被提上议程。联合国亚太经济社会委员会于1992年启动了亚洲陆上交通基础发展项目，并经过十多年调研，于2006年4月在印尼举行的亚太经济社会委员会第62届大会上，通过了《泛亚铁路政府间协定》，同年11月，泛亚铁路涉及的28国中的18个国家（包括中国）代表在亚太经社委员会运输部长会议期间在协定上正式签字。[①]“泛亚铁路网”是欧亚国家对推进亚太地区整合的宏大蓝图构想，但数十年来实施速度相对缓慢，原因一是协同难度较大，如铁轨的轨距问题，东南亚国家多使用轨距为1000毫米的窄轨；中国、伊朗、土耳其的铁路是轨距1435毫米的标准轨；印度、巴基斯坦的铁路和孟加拉国的部分铁路，轨距为1676毫米，属于宽轨；俄罗斯和中亚的那些独联体国家，铁路也是宽轨，轨距是1520毫米。[②] 轨距不同使各

① 解放日报:《亚太经社委员会运输部长会议通过〈泛亚铁路网政府间协定〉，4条铁路动脉将连通整个亚洲》, http: //news.sina.com.cn/w/2006-11-12/090010475041s.shtml，引用时间：2014年11月29日。

② 毕晓普:《四十年后重提构想，泛亚铁路网让亚洲心动》,《环球时报》2014年4月14日第七版。

国铁路难以有效连接。原因二是资金不足，泛亚铁路网所经国家大多为发展中经济体，修建铁路所需资金庞大，难以在短期内筹备。而作为亚洲最大的经济体，中国倡议的"一带一路"战略以亚洲基础设施投资银行为金融支持、以中国高铁技术为科技支持，在推进速度上将远超过"泛亚铁路网"，但中国倡议也面临着与沿线国协商和谈判的困难。2014 年 11 月，北京 APEC 会议通过了《亚太经合组织互联互通蓝图（2015~2025）》，决心在 2025 年前完成各方共同确立的倡议和指标，加强硬件、软件和人员交往互联互通，实现无缝、全面连接和融合亚太的远景目标。

最后，新兴市场对外投资高涨，全球投资治理格局发生变迁，助推中国对外投资兴起和加速。近年来，对外投资已不只是发达国家的专利，全球金融危机后，新兴经济体对外投资呈快速增长态势。2013 年在全球主要国家（地区）对外投资存量排行榜中，金砖国家均位列前 12 名。其中，中国排名第 7 位，达 6604.8 亿美元，俄罗斯排第 9 位，达到 5012 亿美元，巴西与印度分别排第 11 位和第 12 位（2933 亿美元与 1198 亿美元）。在对外投资流量方面，中国达到 1078.4 亿美元，连续三年占据全球第三。① 其中，印度自 2004 年起对外直接投资开始腾飞，2004 年至 2013 年，对外投资存量平均增长率为 34.4%，2007 年至 2008 年，FDI 增速均达 55% 以上（分别为 57% 和 56%），其 2013 年对外直接投资存量是 2004 年的 14.5 倍。② 俄罗斯自 2005 年起对外直接投资亦开始增速，尽管受全球金融危机的影响，2008 年 OFDI 存量下降 44.5%，但自 2004 年至 2013 年，其对外投资存量平均增长率仍在 20% 以上（23.2%），其 2013 年对外直接投资存量是 2004 年的 3.7 倍。③ 印度的对外直接投资主要源于南亚合作，以及其因能源需求对西亚的投资。④ 俄

① 商务部、国家统计局、国家外汇管理局：《2013 年度中国对外直接投资统计公报》，中国统计出版社，2014 年。

② UNCTAD 数据库，引用时间：2014 年 11 月 29 日。

③ 同上。

④ 目前，印度能源进口主要来自西亚，只要印度仍以化石燃料为主要能源，西亚就仍将是其能源需要的重要供应地。高世宪，张思遥：《印度能源海外投资政策对我国的启示》，《研究与探讨》2012 年第 34 卷第 12 期，第 12 页。

罗斯近年来则着力打造欧亚经济联盟（EEU），欲恢复苏联时期的纽带，促进独联体及东欧地区的自由投资。①

中国经济迈入“新常态”

中国目前正经历经济产业升级、国内经济结构持续调整，需要在更广阔的市场范围内进行改革。首先，经济高速增长、人均收入提高为对外投资加速发展奠定基础。近年来，中国经济发展一路高歌，2013 年中国国内生产总值近 56.9 万亿元，比 2012 年增长 7.4%，国民总收入（GNI）约为 56.6 万亿元，人均国民总收入为 6560 美元，中国已迈入中等收入国家的行列。根据约翰·邓宁的国际投资发展理论，中国已处在对外直接投资力度明显加强，对外直接投资净额逐渐扩大的阶段（人均超过 4750 美元）。我国经济增长、对外投资提速，而为避免陷入“中等收入”陷阱，中国正在，也必须加快“走出去”的速度。2014 年 1~10 月，我国境内投资者共对全球 154 个国家和地区的 4977 家境外企业进行了直接投资，累计实现投资 5031.5 亿元人民币（折合 818.8 亿美元），同比增长 17.8%。②

其次，产能过剩也使我国对外投资更加迫切。2013 年全国工业产能利用率不及 80%，为近四年来最低值。严重的产能过剩导致社会资源浪费、配置效率降低，进而阻碍产业升级。2010 年 10 月 18 日，第十二个五年规划明确强调“转型升级、提高产业核心竞争力”，主要内容为“改造提升制造业、培育发展战略性新兴产业、推动能源生产和利用方式变革、构建综合交通运输体系、全面提高信息化水平以及推进海洋经济发展”。2012 年 1 月 18 日，国

---

① 2014 年 11 月 23 日，俄罗斯外长拉夫罗夫代表俄罗斯呼吁欧盟和欧亚经济联盟之间建立自贸区，显示俄罗斯积极扩大欧亚经济联盟影响力。见 http：//finance.cankaoxiaoxi.com/bd/20141123/573730.shtml，引用时间：2014 年 11 月 29 日。

② 商务部:《2014 年 1~10 月我国非金融类对外直接投资简明统计》，2014 年 11 月 18 日，http：//hzs.mofcom.gov.cn/article/date/201411/20141100802447.shtml，引用时间：2014 年 11 月 25 日。

务院下发的《关于印发工业转型升级规划（2011~2015）的通知》中规定了工业转型升级的八大重点任务。其中，在第八节“提升对外开放层次和水平”中明确提出“鼓励国内技术成熟、国际市场需求大的行业，向境外转移部分生产能力。加强统筹规划，推动在有条件的国家和地区建立境外重化工园区。鼓励有实力企业开展境外油气、铁矿、铀矿、铜矿、铝土矿等重要能源资源的开发与合作，建立长期稳定的多元化、多渠道资源安全供应体系”。①

历史上，发达国家在解决国内产能过剩时也使用了对外投资贸易手段。二战后，日本通过三次大的产业转移，将劣势产业分别转移到东盟及中国东部沿海地区。美国的“马歇尔计划”（从 1948 年 4 月，美国国会通过《对外援助法案》开始）也是异曲同工。更重要的是，通过向这些国家转移剩余产能，使其与母国（日美）的经济联系发生结构性变化，拉动后者的经济繁荣。当然，需要注意的是，美国版的马歇尔计划有着冷战的目的，其实施地区也与美国具有共同的文化背景。

再次，中国外汇储备严重过剩也使得优化资产配置问题突出。截至 2013 年末，中国国家外汇储备余额为 3.82 万亿美元，超过实体经济所需。过多的外汇储备无法用于扶持国内国计民生，还可能会导致中国国内通货膨胀，在这种情况下，需利用外汇储备推动“一带一路”国家的基础设施建设，扶持中国企业“走出去”。2014 年 11 月 19 日的国务院常务会议也提出“创新外汇储备运用，支持实体经济发展和中国装备‘走出去’”。②

最后，通过“一带一路”建设加强对外投资有助于平衡中国地区发展。尽管中国经济总量一直呈上升趋势，但是东西部地区发展的结构性矛盾仍然存在，根据 2012 年《地区发展与民生指数（DLI）》，中国东部、中部、西部及东北地区发展与民生指数分别为 71.57%、60.35%、58.22% 和 62.04%，西

---

① 国务院:《关于印发工业转型升级规划（2011~2015）的通知》，http：//www.gov.cn/zwgk/2012-01/18/content_2047619.htm，引用时间：2014 年 11 月 29 日。

② 中央政府网:《李克强主持召开国务院常务会议，决定进一步采取有力措施缓解企业融资成本高问题》，http：//www.gov.cn/guowuyuan/2014-11/19/content_2780883.htm，引用时间：2014 年 11 月 29 日。

部地区仍然相对落后。①

自中国改革开放以来，以东部经济发展带动中西部的布局一直未有令人满意的效果，数十年来，东西差距问题一直难以解决。2000 年 1 月，国务院西部地区开发领导小组在北京召开西部地区开发会议，启动“西部大开发”战略。2001 年 3 月，发布《中华人民共和国国民经济和社会发展第十个五年计划纲要》提出“加快少数民族和民族地区经济与社会全面发展，重点支持少数民族地区的扶贫开发、牧区建设、民族特需用品生产……促进西部边疆地区与周边国家和地区开展经济技术与贸易合作，逐步形成优势互补、互惠互利的国际区域合作新格局。”此后，西部大开发历经了“以基础设施建设为重点”的阶段（2002 年 11 月至 2006 年 3 月）、“以培育民族地区自我发展能力为核心”的阶段（2006 年 3 月至 2012 年）以及“以科学发展为主题，以加快转变经济发展方式为主”的阶段（2012 年至今）。② 西部经济尽管实现了快速发展，但与中国其他地区相比仍然落后。从经济总量上看，1999 年至 2007 年，中国东部地区 GDP 增长了 235%，年均增长率为 11.27%，西部地区的年均增长率仅为 9.84%。从居民生活水平上看，中国西部地区城镇人均可支配收入从 1999 年的 5124 元增长到 2007 年的 11309 元，总量翻了一番，但仍低于全国平均水平。

以往中国西部大开发战略的实施主要依赖财政倾斜和相关政策优惠，西部仍然只是中国的西部，而没有变成欧亚大陆的中转站和连接中国与更广阔地域的发展中间地带，这种方法无法从根本上改变东西部地区间经济发展不平衡的根本问题，③ 未能实现东西部要素的有效流动和经济互通，未能使西部的欠发达地区有机融入发展经济圈内。发展“一带一路”中的“丝绸之路

---

① 国家统计局:《2012 年地区发展与民生之书（DLI）统计监测结果》，http：//www.stats.gov.cn/tjsj/zxfb/201312/t20131231_492765.html，引用时间：2014 年 11 月 25 日。

② 谭振义，赵凌云:《2000~2010 年西部民族地区开发进程的历史审视——基于西部大开发战略实施的视角》；国务院:《国务院关于西部大开发“十二五”规划的批复》，2012 年 2 月 21 日，http：//www.gov.cn/zwgk/2012-02/21/content_2072227.htm，引用时间：2014 年 11 月 29 日。

③ 淦未宇、徐细雄、易娟:《我国西部大开发战略实施效果的阶段性评价与改进对策》，《经济地理》2011 年 1 月第 31 卷第 1 期，第 45 页。

经济带”可大力拉动西部经济增长，西部的经济发展格局将从原来的“东部带动西部”的单线拉动，扩展为“丝绸之路经济带”和“东部经济圈”的一体两翼，使得西部地区周边形成经济圈，助力其有效融入。另外，西部省份通过建设“丝绸之路”经济带“桥头堡”还可进一步找准自身定位。

习近平主席首先提出“一带一路”战略思想后，在出访各国及参加重大活动时积极推动“一带一路”战略，倡导“亲、诚、惠、容”的周边外交理念，以期获得沿线国及利益相关国的广泛支持，在此期间，“一带一路”战略思想也逐渐明晰化。

一　“互联互通”建设

“互联互通”建设是“一带一路”战略的“血脉经络”。①

亚信峰会前夕，习近平主席在会见吉尔吉斯斯坦领导人时就已经表示过，中国将继续鼓励本国企业扩大对吉投资，在融资、交通运输等方面为两国合作提供支持和保障。在会见柬埔寨领导人时也表示将加强与柬全面战略合作伙伴关系，结合“一带一路”建设，带动中柬基础设施的互联互通。②

2014 年 5 月亚信峰会期间，中国与亚洲国家签署了一系列的基础设施建设协议，特别是共同发展规划纲要。5 月 21 日，中俄签署《关于沿中俄东线管道自俄罗斯向中国供应天然气的合作备忘录》《中俄东线供气项目购销合同》两份能源领域的重要合作文件，这两份文件的签订表明中俄在天然气进口问题上持续十年的谈判终于有了重大进展。③ 另外，中国与中亚国家在以基础设施建设带动油气合作方面也有了重大进展，峰会期间，中石油与哈萨克斯坦国家石油天然气公司签署了《中哈管道出口原油统一管输费计算方法

① 引自习近平在“加强互联互通伙伴关系”东道主伙伴对话会上的讲话《联通引领发展，伙伴聚焦合作》，http：//politics.people.com.cn/n/2014/1109/c1024-25997464.html，引用时间：12 月 4 日。

② 经济参考报:《亚信峰会助推亚洲经济一体化，“一带一路”建设将提速》，http：//news.xinhuanet.com/2014-05/22/c_126532453.htm，引用时间：2014 年 11 月 18 日。

③ 能源网:《中俄天然气合作协议签署，民营企业将从中受益》，2014 年 5 月 30 日，http：//www.gd.xinhuanet.com/newscenter/2014-05/30/c_1110939001.htm，引用时间：2014 年 11 月 18 日。

及各段所有者管输费收入分配方法协议》和《在哈萨克斯坦建设大口径钢管厂项目框架协议》；与吉尔吉斯斯坦签署成立中吉天然气管道建设运营合作协议的协调委员会《谅解备忘录》。①

在北京召开的亚太经合组织会议上，习近平再次强调“互联互通”在“一带一路”规划中的战略性地位。2014 年 11 月 11 日，在亚太经合组织第二十二次领导人非正式会议上，习近平提出，“开展互联互通合作是中方‘一带一路’倡议的核心”。② 11 月 8 日，习近平与孟加拉国、柬埔寨、老挝等七国首脑举行加强互联互通伙伴关系对话会，习近平发言表示，“互联互通……是基础设施、制度规章、人员交流三位一体……是政策沟通、设施联通、贸易畅通、资金融通、民心相通五大领域齐头并进’。”③ 随后发布的联合新闻公报中称“基础设施建设是互联互通的基础和优先”。④

“互联互通”在中国周边已有基础，目前，“一带一路”涉及的国际合作走廊主要有中巴经济走廊（中国、巴基斯坦）、孟中印缅经济走廊（孟加拉、中国、印度、缅甸）、中蒙俄经济走廊（中国、俄罗斯、蒙古）和新亚欧大陆桥（中国、俄罗斯、哈萨克斯坦、吉尔吉斯斯坦、乌兹别克斯坦、伊朗、土耳其、乌克兰、波兰、德国、荷兰）。

二 “一国一策”

在与沿线国和利益相关国方面，“一国一策”是建立“一带一路”命运共同体的关键支点。习近平于 2014 年 9 月中旬访问塔吉克斯坦、马尔代夫、斯里兰卡和印度期间，曾经强调“一带一路”应与有关国家的发展战略深入对

---

① 经济观察报：《亚信峰会助推亚洲经济一体化，“一带一路”建设将提速》，http：//news.workercn.cn/632/201406/23/140623160930702_2.shtml，引用时间：2014 年 11 月 18 日。

② APEC 授权发布：《习近平主持 APEC 第二十二次领导人非正式会议并讲话》，http：//news.xinhuanet.com/politics/2014-11/11/c_1113206623.htm，引用时间：2014 年 11 月 18 日。

③ 习近平在“加强互联互通伙伴关系”东道主伙伴对话会上的讲话（全文），http：//news.xinhuanet.com/politics/2014-11/08/c_127192119.htm，引用时间：2014 年 11 月 18 日。

④《加强互联互通伙伴关系对话会联合新闻公报（全文）》，http：//news.xinhuanet.com/politics/2014-11/08/c_127192126.htm，引用时间：2014 年 11 月 18 日。

接，将中国优势产业和四国区位特征和发展需求紧密结合。

2014 年以来，习近平数次出访均体现“一国一策”的支点思想。2014 年 5 月 22 日，习近平在上海会见伊朗总统鲁哈尼时表示，双方应“稳步推进油气、石化合作”，希望伊朗“积极参与丝绸之路经济带和 21 世纪海上丝绸之路建设，带动基础设施建设等领域合作，启动高铁、经济园区等项目”；[①] 2014 年 8 月 22 日，习近平在会见蒙古总理时表示两国合作的总体思路是矿产资源开发、基础设施建设、金融合作“三位一体，统筹推进”，优先方向是“互联互通和大项目合作”，“把丝绸之路经济带倡议、亚洲基础设施投资银行作为两国合作的新平台”；[②] 2014 年 9 月中旬，习近平出访印度期间表示将与印度积极研究推进孟中印缅经济走廊建设，发挥中方优势，改造升级印度铁路，兴建产业园区；[③] 2014 年 9 月 16 日，习近平出访斯里兰卡，向斯总统表示中方愿“加强在港口建设运营、临港工业园开发建设、海洋经济、海上安全等领域合作，探讨并确定（21 世纪海上丝绸之路）先行先试项目”；[④] 2014 年 11 月 10 日，习近平在会见马来西亚总理纳吉布时强调“海上合作和共同开发”。[⑤]

三　亚洲基础设施投资银行

推进“一带一路”战略的金融举措主要是亚投行的建设。2014 年 10 月末，21 个国家在北京签署决定共同成立亚洲基础设施投资银行备忘录，11 月末，印尼亦加入创始成员国行列。亚投行的创建将进一步推进亚洲基础设施建设和互联互通建设。“一带一路”沿线国大多处在工业化的起步阶段，基础

① 《习近平同伊朗总统会谈，强调推动中伊友好合作迈上新台阶，几个注释重新调整》，http://www.gov.cn/xinwen/2014-05/22/content_2684906.htm，引用时间：2014 年 11 月 18 日。

② 《习近平会见蒙古国总理阿勒坦呼亚格》，http://news.xinhuanet.com/politics/2014-08/22/c_1112195617.htm，引用时间：2014 年 11 月 18 日。

③ 北京青年报:《习近平结束两亚之行，“一带一路”进入务实阶段》，http://politics.people.com.cn/n/2014/0922/c1001-25703666.html，引用时间：2014 年 11 月 18 日。

④ 《习近平同斯里兰卡总统拉贾帕克萨举行会谈》，http://news.xinhuanet.com/politics/2014-09/17/c_1112507228.htm，引用时间：2014 年 11 月 18 日。

⑤ APEC 授权发布:《习近平会见马来西亚总理纳吉布》，http://news.xinhuanet.com/politics/2014-11/10/c_1113184660.htm，引用时间：2014 年 11 月 18 日。

设施建设存在资金短缺问题，在一定程度上制约了“互联互通”在这些国家的推进。尽管中国在基础设施建设上具有较丰富的经验，但在走出去的过程中，难免受到上述问题的制约，而亚洲基础设施投资银行应运而生，为实现“一带一路”发展战略提供金融支持，有利于推进亚欧大陆桥、孟中印缅经济走廊、中巴经济走廊等示范项目的建设，扩大“一带一路”在沿线国中的影响力。同时，亚洲基础设施投资银行的建设也标志着中国已经从单纯的产品输出进入到资本输出阶段。

中央与地方积极联动

习近平提出“一带一路”的战略构想后，国务院所属的各部门积极进行与本部门相关的业务工作的规划，种种迹象表明“一带一路”战略已经开始从战略阶段逐步进入务实阶段。

2013 年末，中共十八届三中全会审议通过《中共中央关于全面深化改革若干重大问题的决定》，明确表示“加快沿边开放步伐，允许沿边重点口岸、边境城市、经济合作区在人员往来、加工物流、旅游等方面实行特殊方式和政策。建立开发性金融机构，加快同周边国家和区域基础设施互联互通建设，推进丝绸之路经济带、海上丝绸之路建设，形成全方位开放新格局”。①

2013 年 12 月，发改委和外交部共同主持召开推进丝绸之路经济带和海上丝绸之路建设座谈会，参与单位除江苏、浙江、广东、福建、海南等东部 5 省，以及陕西、甘肃、青海、宁夏、新疆和重庆、四川、云南、广西等西部 9 省区市代表外，科技部、工业和信息化部、交通运输部、农业部、商务部、中国人民银行、国资委、能源局、铁路总公司、国家开发银行、进出口银行等 11 个部门也参与了会议，② 以明确工作思路。

---

①《中共中央关于全面深化改革若干重大问题的决定》，http：//www.gov.cn/jrzg/2013-11/15/content_2528179.htm，引用时间：2014 年 11 月 18 日。

② 发改委外交部联合推进丝绸之路经济带建设座谈会，http：//finance.ifeng.com/a/20131216/11284190_0.shtml，引用时间：2014 年 11 月 18 日。

在 2014 年两会期间，李克强总理在《政府工作报告》中正式将"抓紧规划建设丝绸之路经济带、21 世纪海上丝绸之路"纳入当年重点工作，"抓紧规划建设丝绸之路经济带、21 世纪海上丝绸之路，推进孟中印缅、中巴经济走廊建设，推出一批重大支撑项目，加快基础设施互联互通，拓展国际经济技术合作新空间"。① 2014 年 10 月 8 日，国务院决议再次修订政府核准的投资项目目录，除少数另有规定外，境外投资项目一律取消核准②。同时，由发改委、外交部、商务部及其他有关部门编制的"一带一路"总体规划已上报国务院，预计将于近期正式公布，总体规划出台后将进一步制定专项规划，相关的扶持政策也将陆续出台。另外，2014 年 11 月 6 日国务院办公厅发布的《关于加强进口的若干意见》中也提到加快推进"一带一路"建设，鼓励企业到沿线国投资加工生产并扩大加工产品进口，提升对外经贸合作水平③。

在地方层面，各省市也积极部署、拼抢进入"一带一路"经济带。在西北地区，目前，新疆已成立丝绸之路建设领导小组④，凭借自身面向中亚地理优势，欲建设"对接核心区"，陕西也已确定将建立丝绸之路经济带上的最大的物流中转中心，承接东部产业转移和沟通内陆与亚洲大陆桥的多重职能⑤。在西南和东南地区，云南、广西、福建凭借与东南亚各国的联系，抓紧打造互联互通大通道和海丝经贸合作新平台⑥；在东北，黑龙江以俄罗斯

① 李克强总理《政府工作报告》(摘要)，http://news.china.com.cn/politics/2014-03/06/content_31689112_4.htm，引用时间：2014 年 11 月 18 日。

②《国务院再修政府核准投资项目目录，境外投资全面松绑》，http://www.gov.cn/xinwen/2014-10/09/content_2761574.htm，引用时间：2014 年 11 月 18 日。

③《国务院办公厅印发〈关于加强进口的若干意见〉》，http://www.gov.cn/xinwen/2014-11/06/content_2775819.htm，引用时间：2014 年 11 月 18 日。

④《新疆成立推进丝绸之路经济带核心区建设工作领导小组》，http://www.scio.gov.cn/ztk/wh/slxy/31208/document/1386669/1386669.htm，引用时间：2014 年 11 月 20 日。

⑤ 娄勤俭：《"一带一路"打造丝绸之路新起点》，http://photo.china.com.cn/news/2014-05/22/content_32457355.htm，引用时间：2014 年 11 月 18 日。

⑥《丝绸之路项目落地将掀投资热潮，新疆福建积极布局》，http://www.scio.gov.cn/ztk/wh/slxy/31208/Document/1380736/1380736.htm，引用时间：2014 年 11 月 18 日；《建设海上丝绸之路，广西要做六大文章》，http://news.163.com/14/0917/07/A6B0AP1600014Q4P.html，引用时间：2014 年 11 月 18 日；《把云南建成"一带一路"连接交汇战略支点》，http://www.mofcom.gov.cn/article/resume/n/201411/20141100790382.shtml，引用时间：2014 年 11 月 18 日。

通道为重点，谋划构建东路丝绸之路经济带，欲成为东中西、南北方十字对外经济走廊上的重要组成部分①。

表 2-1 部分省市积极加入“一带一路”

省、自治区	定位	战略
陕西	“一带一路”枢纽	1. 发挥区位优势，建设交通物流新起点，把互联互通作为优先领域。 2. 释放科教潜能，建设科技创新新起点，依托各类科技园区和产业示范基地，加强与丝绸之路沿线国在纺织、装备制造和能源化工等领域合作。 3. 强化文化联动、建设产业合作新起点，加强与中亚、西亚、俄罗斯等国能源合作，结合产业结构调整，鼓励电子信息等高技术产业投资。 4. 传承历史文化、建设文化旅游新起点，与沿线国共同开展文物保护与考古研究。 5. 着眼货币流通、建设金融合作新起点，着力建设西安与欧亚各国的货币流通平台，争取国家外汇管理改革试点、探索开展离岸金融业务②。
甘肃	“丝绸之路经济带”甘肃黄金带	1. 发挥甘肃的地理区位、历史文化、资源能源和产业基础等优势，着力构建兰州新区、敦煌国际文化旅游名城和“中国丝绸之路博览会”三大战略平台。 2. 重点推进道路互联互通、经贸技术交流、产业对接合作、经济新增长极、人文交流合作、战略平台建设等六大工程。 3. 进一步提升兰州、白银、酒泉、嘉峪关、金昌、武威、平凉、庆阳、天水、定西、张掖、敦煌等节点城市的支撑能力。 4. 近 2~3 年打基础、攻难点，努力使甘肃与丝绸之路沿线国经贸、资源开发、装备制造、新能源、特色农产品加工等合作取得新进展，实现向中亚西亚进出口额占全省进出口总值 20% 以上，直接投资、开展承包工程和外派劳务年均增长 10% 以上③。

① 《黑龙江：倾力构建东路陆路丝绸之路经济带》，http：//www.scio.gov.cn/ztk/wh/slxy/31208/Document/1386197/1386197.htm，引用时间：2014 年 11 月 18 日。

② 中共陕西省委书记赵永正：《努力打造丝绸之路经济带新起点——陕西省学习贯彻“一带一路”战略的思考与实践》，http://www.sxdaily.com.cn/n/2014/0910/c506-5510406-1.html，引用时间：2014 年 11 月 29 日。

③ 甘肃经济日报：《“丝绸之路经济带”甘肃段建设蓝图正式出炉》，http：//gsjjb.gansudaily.com.cn/system/2014/05/23/015024296.shtml，引用日期：2014 年 11 月 29 日。

续表

省、自治区	定位	战略
宁夏	“丝绸之路”经济带战略支点上的重要节点	1. 突出中阿合作，宁夏是中国和阿拉伯国家合作的重要平台。 2. 将宁夏内陆开放型经济试验区建设与“一带一路”结合，打造中国向西开放桥头堡①。
云南	连接交汇的战略支点	1. 加快推进桥头堡建设，发挥“一带一路”建设重要门户作用。 2. 打造大湄公河次区域合作升级版，发挥好“一带一路”建设区域合作高地作用。 3. 推进孟中印缅经济合作，发挥好“一带一路”建设睦邻外交通道作用。 4. 着力提升沿边开放步伐，发挥“一带一路”建设先行先试区作用。②
广西	“21世纪海上丝绸之路”的新门户和新枢纽	1. 构建面向东盟的互联互通大通道，重点构建港口网、高速公路网、铁路网、航空网和通信光纤网，加快与东盟47个港口的互联互通，打通南宁至新加坡经济走廊。 2. 构建“海上丝绸之路”的临港产业带。加快推进中国－印尼经贸合作区、中越跨境合作区等双边产业园区建设，促成文莱－广西经济走廊，建设中国－东盟海上合作试验区。 3. 构建“海上丝绸之路”的商贸物流基地。主要包括：建设中国－东盟商贸物流集散中心，争取设立以人民币计价的大宗商品交易中心，扩大广西在中国－东盟贸易中的份额。 4. 构建沿边金融综合改革试验区。广西支持有资质的机构到东盟国家发行人民币债券，探索推进中国与东盟国家支付、清算一体化建设，设立中国－东盟股权交易中心。 5. 构建“海上丝绸之路”的人文交流圈。广西将继续积极推进教育、文化、旅游、科技等领域与东盟的合作。 6. 建立健全合作机制。整合提升中国－东盟博览会等现有合作机制功能，争取21世纪“海上丝绸之路”的重要合作机制落户广西。③

① 宁夏回族自治区政府党组副书记郝林海在《学习贯彻习近平总书记建设丝绸之路经济带战略构想暨经济日报大型采访调研活动汇报会》上的发言，http://city.ifeng.com/a/20140904/412217_0.shtml，引用时间：2014年11月29日。

② 云南省委书记、省人大常委会主任秦光荣：《积极作为，推进“一带一路”建设》，http://www.chinadaily.com.cn/hqgj/jryw/2014-03-10/content_11367848.html，引用时间：2014年11月29日。

③ 广西壮族自治区副主席张晓钦就东盟博览会接受书面采访，http://www.chinadaily.com.cn/interface/toutiao/1120781/cd_18599764.html，引用时间：2014年11月29日。

续表

省、自治区	定位	战略
江苏	"丝绸之路"经济带东方桥头堡	1. 建设新亚欧大陆桥东方桥头堡。进一步提升港航物流、海铁联运和大陆桥过境运输能力，强化新亚欧大陆桥运输大通道建设。 2. 打造丝绸之路经济带陆海交汇枢纽。进一步提升港口功能、建设高速铁路、开拓航空航线，构建起"海、陆、空、铁、水、管"立体式综合交通网络体系。 3. 打造上合组织成员国共同出海口。着力打造以中哈（连云港）物流合作基地为示范的国际物流仓储基地，与上合组织成员国在铁路运输、物流仓储等方面加强共建共用合作。 4. 打造国家东中西区域合作示范区。加快重大石化产业项目建设，做大做强临港产业，扩大与中亚、日韩及中西部地区的交流合作，构建进口资源加工基地、出口产品生产基地和重化工配套产业基地。①
福建	"一带一路"互联互通建设的重要枢纽、海上丝绸之路经贸合作的前沿平台、海上丝绸之路人文交流的重要纽带	1. 突出互联互通，加快对外通道建设。 2. 加强与东盟国家在港口码头、物流园区、集散基地和配送中心等建设管理方面的合作。 3. 突出重点区域，深化多元贸易往来。重点拓展与东盟的经贸合作，积极开拓南亚、西亚、非洲东海岸等印度洋沿岸地区新兴市场。打造贸易合作基地，探索设立中国（福建）自由贸易园区。 4. 突出海洋特色，提升产业合作水平。加快建设海峡蓝色经济试验区，深化与海上丝绸之路沿线国家和地区的产业合作，推进产业发展高端化、集群化、国际化。 5. 突出侨台优势，推动人文深度融合。②

尽管目前各省已对自身地位和战略有了初步规划，但由于国务院"一带一路"总体规划尚未出台，具体"一带一路"中国段的起点和终点在哪里，经国务院批准参与的省市具体有哪些，以及各省市的基础设施建设分工和产业布局均尚未明确，致使现各省市的战略规划重叠。但从2014年中国领导人调研区域来看，"一带一路"重点在新疆、甘肃、福建、陕西等省、自治区。

① 中国交通报：《连云港抢抓一带一路战略机遇》，http：//city.ifeng.com/a/20140818/411311_0.shtml，引用时间：2014年11月29日

② 福建省委书记尤权：《打造21世纪海上丝绸之路重要枢纽》，http：//www.qzwb.com/spec/content/2014-09/03/content_4944363_2.htm，引用时间：2014年11月29日。

表 2-2　党和国家领导人调研“一带一路”重点地区

时间	领导人	地点	指示
2014 年 10 月 10 日	张高丽	西安	要抓好重大项目，发挥示范效应，推动产业深度对接，加强能源资源、现代农业、先进制造业、现代服务业、海洋经济等领域合作。①
2014 年 7 月 20 日	张高丽	福建	全面加强与海上丝绸之路沿线国家和地区的经贸往来，进一步扩大双向投资规模。要建好港口、铁路等重大基础设施，构筑沿海地区连接中西部地区的快速运输大通道。要大力发展海洋经济，提高海洋经济质量效益。要用好多边双边等多种合作机制，促进各领域务实合作。②
2014 年 7 月 5 日	张高丽	宁夏、甘肃	西北五省区是建设“丝绸之路”经济带的重要依托，是深入实施西部大开发战略的重点地区，在全国发展大局中的地位十分重要。要立足现有基础，发挥各地优势，通过实施大开放、大开发，培育一批新的经济增长点。③
2014 年 5 月 28 日	李克强	新疆	加强铁路等基础设施建设，发展现代物流，立足区位优势，建设好“丝绸之路”经济带核心区。采取特殊的财政、投资、金融、人才等政策，加大扶贫攻坚和民生改善力度，促进南疆加快发展。④

“一带一路”是自 20 世纪 70 年代末实施改革开放以来一次重大的内外发展战略调整，也是中国与世界政治经济关系进入新阶段的一次对外战略大调整，不仅将给中国带来全新的机遇和发展思路，也必然影响到地区乃至全球的国内政策与对外战略规划。

① 张高丽：《实施“一带一路”重大战略打造全方位对外开放新格局》，http://www.gov.cn/guowuyuan/2014-10/10/content_2762471.htm，引用时间：2014 年 11 月 29 日。

② 张高丽：《抓住海上丝绸之路建设机遇推动福建改革开放科学发展》，http://news.xinhuanet.com/politics/2014-07/19/c_1111698629.htm，引用时间：2014 年 11 月 29 日。

③ 张高丽：《扎实推进丝绸之路经济带建设》，http://news.xinhuanet.com/fortune/2014-07/05/c_1111473294.htm，引用时间：2014 年 11 月 29 日。

④ 新华时政：《第二次中央新疆工作座谈会要点解读》，http://news.xinhuanet.com/politics/2014-05/30/c_126567931_2.htm，引用时间：2014 年 11 月 29 日。

第三章　中国在“一带一路”沿线国的投资

“一带一路”沿线国地理区域

“一带一路”包括“丝绸之路经济带”辐射国与“21 世纪海上丝绸之路”辐射国，位于欧亚大陆、印度洋和西太平洋一带。在“一带一路”沿线国的具体数目上，现在外界一直未有定论，其原因在于，有些国家位于“一带一路”的主干上，还有些国家位于主干的周边区域。

目前，针对“一带一路”的范围，有以下几种观点。

一　古道说①

古道说的基础是历史足迹，依托的是自西汉张骞出使西域起逐渐形成的陆上丝绸之路和自秦汉时期随着中国航海技术提高逐渐形成的海上丝绸之路（又称“香料之路”），这两条道路在中国近代史上曾发挥重要作用，作为商业贸易和文化交流的通道，打通了东西方之间因陆海造成的地理隔阂。古道说

---

① 见云南省社会科学院院长任佳:《“一带一路”建设云南地缘优势无可取代》，http：//yn.yunnan.cn/html/2014-03/06/content_3109912.htm;《探寻“一带一路”破题，百年大公重走南方丝绸之路活动启动》，http：//yn.yunnan.cn/html/2014-03/28/content_3149430.htm;西安市委书记魏民洲:《在“一带一路”建设中，西安使命独特》，http：//sn.people.com.cn/n/2014/0819/c226647-22033563.html;《大运河和丝绸之路申遗成功，一带一路本月或上报》，http：//stock.hexun.com/2014-06-23/165945095.html。

赋予了“一带一路”延续中国与相关国家历史友谊的含义。根据古道说，“一带一路”沿线国应该就是古道经过的国家。该理论的主要支持者是地方官员和地方学者，除了响应国家“一带一路”战略的需要，更是为了能够积极地在“一带一路”战略中占据重要地位。主要的相关行动有申遗、举办各种展览会和历史研讨会等。

二　现有走廊的相互对接

该观点的基础是将中国与其他国家现有的经济走廊相互对接，利用既有成果，扩大“一带一路”影响力。近年来，中国的重点在经营周边，而经营周边的重要一环即为“以经带政”，通过加强与周边国家的经济联系为中国和平崛起打造安全稳定的环境。在“一带一路”战略正式提出之前，中国倡议的主要经济走廊有：2013 年 5 月李克强总理访问巴基斯坦时提出的中巴经济走廊；同时期李克强访问印度期间与印方共同倡议建设的中 - 印 - 缅 - 孟经济走廊；广西与新加坡打造的南新经济走廊等。

国观智库认为，“一带一路”不仅是茶马古道的概念，也不仅是简单的交通干线的对接，它超越了“带”和“路”简单的字面含义，涵盖了几乎整个欧亚大陆，以中国为东部起点，一路向西，北端直到西欧地区。“一带一路”的内涵远超过物质交易，“涉及陆路、空中交通网络建设，涉及扎地生根的产业链构造，涉及人文交流，特别是涉及各国政府政策间的接轨与互认”。[①] 这片广大区域包括东南亚、南亚、中亚、西亚北非、中东欧地区的 64 个国家。由于数据缺失，本书的基础设施、政治、制度排行榜中只有 63 个国家（不包括巴勒斯坦），经济排行榜中只有 62 个国家（不包括巴勒斯坦和叙利亚）。除中国外，共涵盖 30.8 亿人口，GDP 规模达到 12.8 万亿美元，分别占世界的 44% 和 17%，是世界经济最具活力的地区，沿途多为新兴市场与发展中国家，多数国家后发优势强劲，发展空间大。目前在 64 个沿线国中，GDP

① 张蕴岭：《聚焦“一带一路”大战略》，中国社会科学网，2014 年 7 月 31 日，http://www.cssn.cn/jjx/jjx_gd/201407/t20140731_1274694.shtml。

超过 5000 亿美元的国家只有 6 个。“一带一路”理念一旦变成现实，将成为世界跨度最长、最具发展潜力的经济走廊。

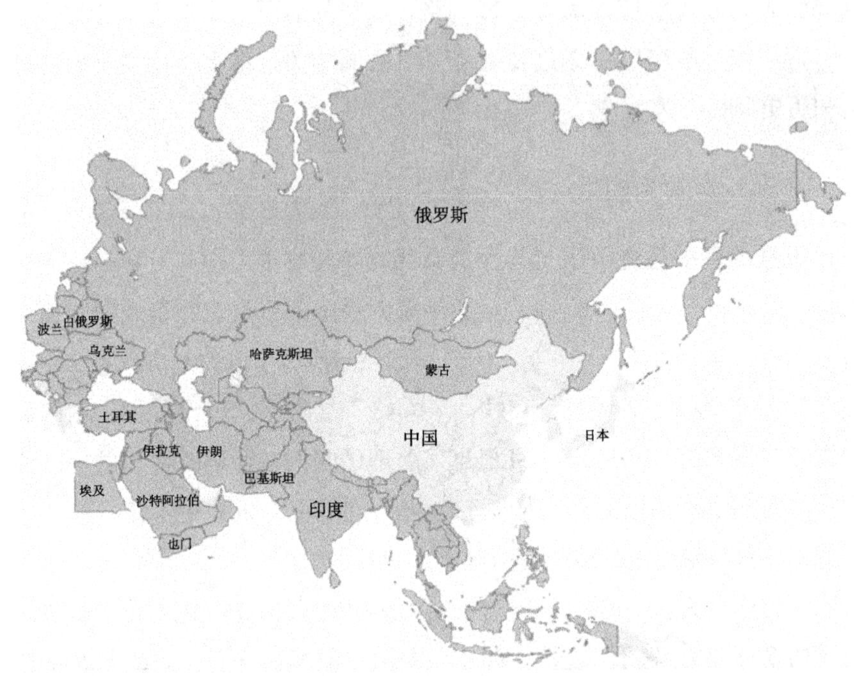

图 3-1 “一带一路”覆盖地区示意图

资料来源：国观智库整理

“一带一路”沿线国基本情况

一　经济规模

“一带一路”沿线国大多为发展中国家和新兴经济体，在 64 个国家中，只有 7 个国家属于 IMF 定义下的发达经济体（Advanced Economy）[①]，分别是

① IMF 将世界各国划分为发达经济体（Advanced Economy）、新兴市场（Emerging Market）和发展中经济体（Developing Economies）。划分方法主要基于以下三个因素：a. 人均收入；b. 出口多样性（如石油出口国的人均 GDP 很高，但由于其出口产品 70% 为石油，因此不属于发达经济体）；c. 全球金融市场融入度。划分的考察时间较长，除非有特殊重大事件发生，不会轻易修改。重大事件如拉脱维亚加入欧元区。

捷克、爱沙尼亚、以色列、拉脱维亚、新加坡、斯洛伐克和斯洛文尼亚。① 在这 7 个国家中，除以色列和新加坡外，均位于中东欧地区。

2013 年，沿线国经济规模（GDP）达 12.8 万亿美元，平均 GDP 为 2068 亿美元，低于同年度世界平均水平（3900 亿美元）。② 沿线国有 17 个国家在该区域平均水平以上。25 个国家 GDP 在 1000 亿美元以上（见表 3–1），6 个国家 GDP 在 5000 亿美元以上，分别为俄罗斯、印度、印度尼西亚、土耳其、沙特阿拉伯和波兰（按 GDP 从大到小排列）。GDP 最小的 4 个国家是不丹、马尔代夫、黑山和东帝汶（按 GDP 从小到大排列）。

表 3–1 “一带一路”沿线国 GDP 在 1000 亿美元以上的国家

单位：亿美元

序号＼项目	南亚	GDP	东南亚	GDP	西亚北非	GDP	中东欧	GDP	东亚、中亚	GDP
1	印度	18768.11	印尼	8702.75	土耳其	8199.90	俄罗斯	20967.74	哈萨克斯坦	2318.76
2	巴基斯坦	2327.57	泰国	3872.53	沙特	7484.50	波兰	5177.05		
3	孟加拉国	1617.63	马来西亚	3131.58	阿联酋	4023.40	捷克	1984.50		
4			新加坡	2979.41	伊朗	3670.98	罗马尼亚	1888.93		
5			菲律宾	2720.67	以色列	2906.43	乌克兰	1783.13		
6			越南	1705.65	埃及	2714.27	匈牙利	1322.60		
7					伊拉克	2293.27				
8					卡塔尔	2024.50				
9					科威特	1757.87				

资料来源：IMF 数据库

① IMF 数据库，引用时间：2014 年 11 月 30 日。

② 同上。

2013 年，沿线国人均 GDP 平均水平为 1.2 万美元，略低于同年度世界平均水平（1.37 万美元）。[①] 沿线国有 20 个国家在该区域平均水平以上。23 个国家人均 GDP 在 1 万美元以上（见表 3–2），主要集中在西亚北非和中东欧地区。10 个国家人均 GDP 在 2 万美元以上，分别为卡塔尔、新加坡、科威特、阿联酋、文莱、以色列、巴林、阿曼、沙特和斯洛文尼亚（按人均 GDP 从大到小排列）。人均 GDP 最少的 5 个国家是阿富汗、尼泊尔、缅甸、孟加拉国和柬埔寨（按人均 GDP 从小到大排列）。

表 3–2 “一带一路”沿线国人均 GDP 在 1 万美元以上的国家

单位：万美元

序号＼项目	南亚	人均 GDP	东南亚	人均 GDP	西亚北非	人均 GDP	中东欧	人均 GDP	东亚、中亚	人均 GDP
1	n/a		新加坡	5.48	卡塔尔	10.02	斯洛文尼亚	2.30	哈萨克斯坦	1.25
2			马来西亚	1.05	科威特	4.76	爱沙尼亚	1.90		
3			文莱	3.99	阿联酋	4.39	捷克	1.89		
4					以色列	3.70	斯洛伐克	1.77		
5					巴林	2.74	立陶宛	1.60		
6					阿曼	2.53	拉脱维亚	1.52		
7					沙特	2.48	俄罗斯	1.48		
8					土耳其	1.08	克罗地亚	1.36		
9					以色列	3.70	匈牙利	1.34		
10							波兰	1.34		

资料来源：IMF 数据库

2013 年，沿线国平均 GDP 增速为 3.94%，高于同年度世界平均增长率（2.2%）。沿线国有 29 个国家在该区域平均水平以上。19 个国家 GDP 增速在 5% 以上（见表 3–3）。12 个国家 GDP 增速在 7% 以上，分别为伊拉克、也门、

① IMF 数据库，引用时间：2014 年 11 月 30 日。

立陶宛、新加坡、沙特、拉脱维亚、马来西亚、马尔代夫、东帝汶、吉尔吉斯斯坦、埃及和波兰（按 GDP 增速从大到小排列）。增速最慢的 5 个国家是柬埔寨、阿富汗、捷克、亚美尼亚和匈牙利（按 GDP 增速从小到大排列），这些国家都是沿线国中 GDP 负增长的国家。

表 3-3 “一带一路”沿线国 GDP 增速在 5% 以上的国家

单位：%

序号＼项目	南亚	GDP 增速	东南亚	GDP 增速	西亚北非	GDP 增速	中东欧	GDP 增速	东亚、中亚	GDP 增速
1	马尔代夫	7.50	新加坡	8.85	伊拉克	11.74	立陶宛	10.15	吉尔吉斯斯坦	7.30
2			马来西亚	8.00	也门	10.53	拉脱维亚	8.20	阿塞拜疆	5.78
3			东帝汶	7.40	沙特	8.45	波兰	7.02	乌兹别克斯坦	5.42
4			文莱	5.76	埃及	7.16	阿尔巴尼亚	5.95		
5					巴林	6.13	塞尔维亚	5.07		
6					黎巴嫩	5.80				

资料来源：IMF 数据库

总体来看，“一带一路”沿线国经济总量不如世界平均水平，但 GDP 增长速度相对较快，表明该地区从全球金融危机中恢复的速度较快，未来的增长潜力也较大，具有较高的投资价值。

二 人口红利

“一带一路”沿线国共涵盖 30.8 亿人口，占全球总人口数的 44%，其中，人口大国（亿级以上）有印度、印度尼西亚、巴基斯坦、孟加拉国、俄罗斯（按人口数从多到少排列），除俄罗斯外均为南亚和东南亚国家。有 12 个国家人口数在 5000 万以上，除上述 5 个国家外，还有菲律宾、越南、埃及、伊朗、土耳其、泰国、缅甸（按人口数从多到少排列）。

从劳动力情况来看，沿线国大多未出现老龄化现象，劳动力充沛，[①] 2013 年，15~64 岁人数占比平均为 67.5%。其中，有 21 个国家的劳动力人数占各国总人口的 70% 以上（见表 3–4）。其中，卡塔尔和阿联酋的劳动力人数占其各自总人口数量的 80% 以上。

表 3–4 “一带一路”沿线国 15~64 岁人数占比 70% 以上的国家

单位：%

序号＼项目	南亚	15~64 岁人数占比	东南亚	15~64 岁人数占比	西亚北非	15~64 岁人数占比	中东欧	15~64 岁人数占比	东亚、中亚	15~64 岁人数占比
1	n/a		新加坡	74	卡塔尔	85	摩尔多瓦	72	阿塞拜疆	72
2			泰　国	72	阿联酋	84	斯洛伐克	72		
3			越　南	71	巴　林	77	白俄罗斯	71		
4			文　莱	70	阿　曼	74	马 其 顿	71		
5			缅　甸	70	科威特	73	波　兰	71		
6					伊　朗	71	俄 罗 斯	71		
7					黎巴嫩	71	罗马尼亚	70		
8							乌 克 兰	70		

资料来源：世界银行数据库

从消费水平来看，首先，“一带一路”沿线国城镇化程度较高，2013 年城镇人口数量占比平均为 57.27%，高于中国。有 31 个国家在平均值以上。其中，19 个国家的城镇人口数量占比超过 70%，主要集中在西亚北非和中东欧地区（见表 3-5）。新加坡、卡塔尔、科威特和以色列四个国家（按城镇人口占比从大到小排列）这一比例超过 90%，城镇化程度最高。斯里兰卡、尼泊尔、柬埔寨和阿富汗的城镇人口占比最低（按城镇人口占比从小到大排列）。

① 此处劳动力人数为具有劳动能力的人，即 15~64 岁，而非雇员人数统计。

表 3-5　“一带一路”沿线国城镇人口占比 70% 以上的国家

单位：%

项目 序号	南亚	城镇人口占比	东南亚	城镇人口占比	西亚北非	城镇人口占比	中东欧	城镇人口占比	东亚、中亚	城镇人口占比
1	n/a		新加坡	100	卡塔尔	99	白俄罗斯	76	n/a	
2			文　莱	77	科威特	98	俄罗斯	74		
3			马来西亚	73	以色列	92	保加利亚	73		
4					巴　林	89	捷　克	73		
5					黎巴嫩	88	匈牙利	70		
6					阿联酋	85				
7					约　旦	83				
8					沙　特	83				
9					阿　曼	77				
10					伊　朗	72				
11					土耳其	72				

资料来源：世界银行数据库

其次，“一带一路”沿线国人均收入水平也不低，2013 年人均收入平均值约 1.7 万美元，高于中国，说明沿线国具有一定消费能力。但仅有 19 个国家的人均收入在平均线以上，大部分为中东欧国家。人均收入在 1 万美元以上的国家有 30 个（见表 3-6），其中收入最高的国家为卡塔尔、新加坡和沙特（按收入从多到少排列），收入最低的国家为阿富汗、尼泊尔和塔吉克斯坦（按收入从少到多排列）。

最后，需要提及的是，“一带一路”沿线国人均收入的均值高于其人均 GDP，人均收入在万美元以上的国家数量也多于人均 GDP 在万美元以上的国家数量，由于人均收入较高的大多为中东欧国家，以及部分（西亚北非）国家，推测这两个地区福利较好，可能会对劳动力市场寻求型的投资具有反向作用。

表 3-6 “一带一路”沿线国人均收入在 1 万美元以上的国家

单位：万美元

序号\项目	南亚	人均收入	东南亚	人均收入	西亚北非	人均收入	中东欧	人均收入	东亚、中亚	人均收入
1	n/a		新加坡	7.7	卡塔尔	12.4	斯洛文尼亚	2.8	哈萨克斯坦	2.1
2			马来西亚	2.3	沙特	5.4	捷克	2.6	土库曼斯坦	1.3
3			泰国	1.4	以色列	3.2	斯洛伐克	2.6		
4					土耳其	1.9	立陶宛	2.5		
5					黎巴嫩	1.7	爱沙尼亚	2.4		
6					伊朗	1.6	俄罗斯	2.3		
7					伊拉克	1.5	拉脱维亚	2.3		
8					约旦	1.2	波兰	2.2		
9					埃及	1.1	克罗地亚	2.0		
10							罗马尼亚	1.8		
11							白俄罗斯	1.7		
12							保加利亚	1.5		
13							黑山	1.5		
14							塞尔维亚	1.2		
15							马其顿	1.2		
16							阿尔巴尼亚	1.1		

资料来源：世界银行数据库

三 基础设施

“一带一路”沿线国基础设施水平在全球位于中下程度，根据世界银行物流绩效指数中的基础设施指标，2013 年，沿线国的平均基础设施指数为 2.7 分，[①] 其中有 27 个国家的基础设施在沿线国平均水平以上，比中国得分

① 全球平均水平为 2.91 分，德国最高，为 4.32 分，索马里最低，为 1.50 分。

（3.67 分）还高的国家只有新加坡（4.28 分）和阿联酋（3.7 分），得分在 3 分以上的国家共有 19 个，主要分布在西亚北非和中东欧地区（见表 3-7），南亚国家和中亚国家的基础设施相对较弱，土库曼斯坦、吉尔吉斯斯坦和乌兹别克斯坦均位于榜尾。

表 3-7　2013 年世界银行物流绩效指数 3 分以上国家

单位：分

序号 \ 项目	南亚	物流绩效指数	东南亚	物流绩效指数	西亚北非	物流绩效指数	中东欧	物流绩效指数	东亚、中亚	物流绩效指数
1	n/a		新加坡	4.28	阿联酋	3.7	斯洛文尼亚	3.35	n/a	
2			马来西亚	3.56	卡塔尔	3.44	爱沙尼亚	3.34		
3			泰国	3.40	土耳其	3.53	捷克	3.29		
4			越南	3.11	沙特	3.34	斯洛伐克	3.22		
5					科威特	3.16	匈牙利	3.18		
6					以色列	3.11	立陶宛	3.18		
7					巴林	3.04	波兰	3.08		
8							拉脱维亚	3.03		

资料来源：世界银行数据库

在人均耗电量（千瓦时）水平上，2011 年，“一带一路”沿线国平均值为人均 4032 千瓦时，有 20 个国家在平均值之上。其中，耗电量较大的国家除立陶宛外均位于西亚地区（见表 3-8），前 5 位分别为科威特、卡塔尔、立陶宛、巴林和阿联酋（按耗电量从大到小排列），耗电量最低的几个国家大多为南亚和东南亚国家，分别为尼泊尔、缅甸、柬埔寨、也门、孟加拉国和巴基斯坦（按耗电量从小到大排列）。①

① 阿富汗、不丹、老挝、马其顿、马尔代夫和东帝汶没有数据，这些国家可能位于榜底。

表 3-8　人均耗电量在 4000 千瓦时以上的国家

单位：千瓦时

序号＼项目	南亚	人均耗电量	东南亚	人均耗电量	西亚北非	人均耗电量	中东欧	人均耗电量	东亚、中亚	人均耗电量
1	n/a		文　莱	8507	科威特	16122	立陶宛	15530	哈萨克斯坦	4893
2			新加坡	8404	卡塔尔	15755	斯洛文尼亚	6806		
3			马来西亚	4246	巴　林	10018	俄罗斯	6486		
4					阿联酋	9389	爱沙尼亚	6314		
5					沙　特	8161	捷　克	6289		
6					以色列	6926	黑　山	5747		
7					阿　曼	6292	斯洛伐克	5348		
8							保加利亚	4864		
9							塞尔维亚	4490		

资料来源：世界银行数据库

在互联网应用方面，2013 年，“一带一路”沿线国平均水平为 45.9 个 / 百人，有 35 个国家在平均水平以上，大多为西亚和中东欧国家，说明在这两个区域互联网较为普及。表现最好的几个国家为巴林、阿联酋、卡塔尔和爱沙尼亚（按数值从大到小排列），均在 80 个 / 百人以上。最差的几个国家为东帝汶、缅甸、阿富汗和柬埔寨（按数值从小到大排列），其中，东帝汶和缅甸的水平均在 1.3 个 / 百人以下，互联网基本没有普及。互联网用户数（每百人）在 60 个以上的国家没有南亚和中亚国家（见表 3-9），说明南亚和中亚地区的互联网普及程度很低。

表 3–9　互联网用户数（每百人）在 60 以上的国家

单位：个 / 每百人

序号\项目	南亚	互联网用户数	东南亚	互联网用户数	西亚北非	互联网用户数	中东欧	互联网用户数	东亚、中亚	互联网用户数
1	n/a		新加坡	73	巴林	90	爱沙尼亚	80	n/a	
2			马来西亚	67	阿联酋	88	斯洛伐克	77.9		
3			文莱	64.5	卡塔尔	85.3	拉脱维亚	75.2		
4					科威特	75.5	捷克	74.1		
5					以色列	70.8	斯洛文尼亚	72.7		
6					黎巴嫩	70.5	匈牙利	72.6		
7					阿曼	66.5	立陶宛	68.5		
8					沙特	60.5	波黑	67.9		
9							克罗地亚	66.7		
10							波兰	62.8		
11							俄罗斯	61.4		
12							马其顿	61.2		
13							阿尔巴尼亚	60.1		

资料来源：世界银行数据库

“一带一路”与世界经济联系

“一带一路”沿线国与世界经济联系较为紧密。从贸易额占 GDP 的比重来看，2012 年沿线国平均值为 105.9%，[①] 有 21 个国家在平均值以上，大多位于东南亚、西亚北非和中东欧。23 个国家的贸易额占 GDP 的比重达 100%

① 缺失数据：柬埔寨、匈牙利、伊朗、拉脱维亚、立陶宛、缅甸、阿曼、斯洛伐克、斯洛文尼亚、叙利亚、东帝汶和也门（世界银行数据库，引用时间：2014 年 12 月 1 日）。

以上。其中，贸易占比最大的国家是新加坡、马尔代夫、爱沙尼亚、阿联酋、马来西亚、白俄罗斯、越南和捷克（按贸易占比从大到小排列），其中新加坡的比值为368%，GDP严重依赖贸易。依赖最小的国家是巴基斯坦、埃及、尼泊尔和阿富汗（按贸易占比从小到大排列）。

表 3-10 贸易占 GDP 比重在 100% 以上的国家

单位：%

项目 / 序号	南亚	贸易 / GDP	东南亚	贸易 / GDP	西亚北非	贸易 / GDP	中东欧	贸易 / GDP	东亚、中亚	贸易 / GDP
1	不丹	101	新加坡	368	阿联酋	170	爱沙尼亚	181	吉尔吉斯斯坦	146
2			马尔代夫	224	黎巴嫩	134	白俄罗斯	158	蒙古	128
3			马来西亚	162	巴林	124	捷克	150	土库曼斯坦	118
4			越南	157	约旦	121	保加利亚	136		
5			泰国	149	卡塔尔	104	马其顿	130		
6			文莱	113			摩尔多瓦	127		
7							黑山	113		
8							乌克兰	110		

资料来源：世界银行数据库

从能源进口额占GDP的比重来看，2011年，“一带一路”沿线国差异很大，22个国家的该指标为负数，主要为西亚北非、中亚、东南亚等能源丰富型国家（见表3-11），14个国家的能源进口占比在50%以上，主要为中东欧国家，这14个国家是黎巴嫩、新加坡、约旦、摩尔多瓦、白俄罗斯、以色列、立陶宛、土耳其、格鲁吉亚、亚美尼亚、斯洛伐克、匈牙利、克罗地亚和拉脱维亚（按比重从大到小排列）。

表 3–11　能源进口占 GDP 比重为负数的国家

单位：%

序号＼项目	南亚	能源进口 / GDP	东南亚	能源进口 /GDP	西亚北非	能源进口 / GDP	中东欧	能源进口 / GDP	东亚、中亚	能源进口 / GDP
1			文　莱	–388	卡塔尔	–535	俄罗斯	–80	蒙　古	–435
2			印度尼西亚	–89	科威特	–375			阿塞拜疆	–377
3			缅　甸	–59	伊拉克	–253			土库曼斯坦	–164
4			马来西亚	–11	沙　特	–222			哈萨克斯坦	–105
5			越　南	–9	阿　曼	–191			乌兹别克斯坦	–20
6	n/a				阿联酋	–188				
7					也　门	–161				
8					巴　林	–90				
9					伊　朗	–67				
10					叙利亚	–18				
11					埃　及	–14				

资料来源：世界银行数据库

从汽油市场价格上看，2014 年，“一带一路”沿线国各国平均汽油的市场价格为 0.96 美元 / 公升，低于全球均值（1.22 美元 / 公升），[①] 这与沿线国本身油气资源丰富的状况是分不开的。有 23 个国家的汽油价格在 1 美元 / 公升以下，主要分布在中亚、东南亚和西亚北非等区域。40 个国家的汽油市场价格在平均水平以上。

① 2014 年 11 月 24 日数据，引用时间：2014 年 12 月 1 日。

表 3-12 汽油价格在 1 美元 / 公升以下的国家

单位：美元 / 公升

序号 \ 项目	南亚	汽油价格	东南亚	汽油价格	西亚北非	汽油价格	中东欧	汽油价格	东亚、中亚	汽油价格
1	不丹	0.9	文莱	0.41	叙利亚	0.05	俄罗斯	0.8	土库曼斯坦	0.22
2			马来西亚	0.69	沙特	0.16			阿塞拜疆	0.76
3			印度尼西亚	0.83	科威特	0.24			乌兹别克斯坦	0.81
4			越南	0.99	伊朗	0.26			哈萨克斯坦	0.87
5					巴林	0.26			吉尔吉斯斯坦	0.97
6					卡塔尔	0.27				
7					阿曼	0.31				
8					阿联酋	0.47				
9					也门	0.69				
10					埃及	0.86				
11					伊拉克	0.88				
12					巴基斯坦	0.93				

资料来源：Global Petro Prices.com

从 FDI 流入情况看，“一带一路”沿线国是全球投资热门国家，这是基于传统欧美发达国家对发展中国家投资趋势的结果。2013 年末，“一带一路”沿线国中 FDI 吸收存量达百亿美元以上的共有 43 个（见表 3-13），占据 64 个国家的大半，其中，吸收存量达千亿美元以上的国家有新加坡、俄罗斯、波兰、印尼、印度、沙特、泰国、土耳其、马来西亚、捷克、匈牙利和阿联酋（按存量从大到小排列）。

表 3–13　2013 年末 FDI 吸收存量达百亿美元以上的国家

单位：百亿美元

项目 序号	南亚	FDI 吸收存量	东南亚	FDI 吸收存量	西亚北非	FDI 吸收存量	中东欧	FDI 吸收存量	东亚、中亚	FDI 吸收存量
1	印度	22.67	新加坡	83.77	沙特	20.83	俄罗斯	57.57	哈萨克斯坦	12.96
2	巴基斯坦	2.76	印尼	23.03	土耳其	14.55	波兰	25.20	土库曼斯坦	2.30
3			泰国	18.55	阿联酋	10.55	捷克	13.60	蒙古	1.55
4			马来西亚	14.47	以色列	8.82	匈牙利	11.10		
5			越南	8.17	埃及	8.50	罗马尼亚	8.46		
6			菲律宾	3.25	黎巴嫩	5.56	乌克兰	7.67		
7			缅甸	1.42	伊朗	4.09	斯洛伐克	5.89		
8			文莱	1.42	卡塔尔	3.00	保加利亚	5.26		
9					约旦	2.67	塞尔维亚	3.31		
10					科威特	2.12	克罗地亚	3.25		
11					阿曼	1.96	爱沙尼亚	2.15		
12					巴林	1.78	立陶宛	1.70		
13					伊拉克	1.53	拉脱维亚	1.57		
14					阿塞拜疆	1.38	斯洛文尼亚	1.52		
15					叙利亚	1.07	格鲁吉亚	1.17		

资料来源：UNCTAD

FDI 存量最大的几个国家中，新加坡、俄罗斯、印度、沙特和哈萨克斯坦的 FDI 流量情况如图 3–2 表示。1986 年起，新加坡 FDI 流入开始起步，但经历数次波折，1998 年金融危机、2003 年印度洋海啸、2008 年全球次贷危机都对新加坡 FDI 流入形成重创，尤其是 2008 年全球金融危机对新加坡的影响较大，其流入投资量下降到 2003 年水平。与新加坡不同，俄罗斯、印度、沙特和哈萨克斯坦受 2008 年危机影响的 FDI 流量反应较为滞后，2008 年当年 FDI 流入值并无异常，但 2009 年，这四个国家的 FDI 流入都经历了较大幅度

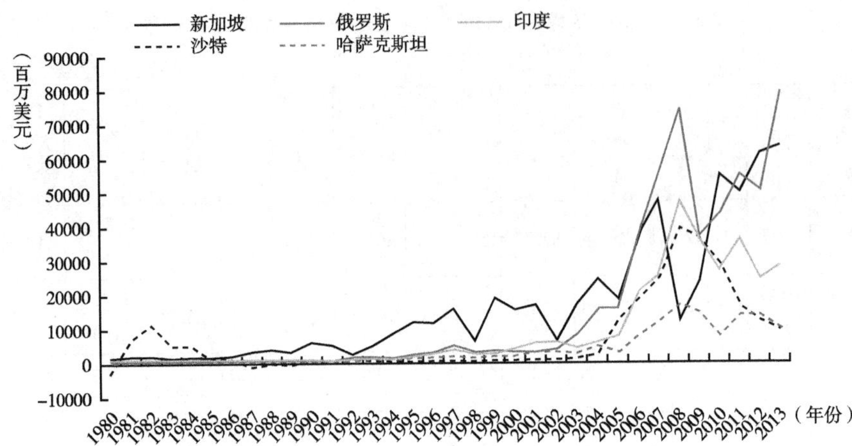

图 3-2　1980~2013 年“一带一路”沿线国家 FDI 存量最大的五国的 FDI 流入

资料来源：UNCTAD 数据库

的下降。

俄罗斯的 FDI 流入在 2003~2004 年开始起步，2006 年以后 FDI 流入快速增加，当年也是俄罗斯经济起飞的一年，经过了苏联解体后“休克疗法”对俄国经济的重创后，俄罗斯的经济改革颇有成效，2006 年偿还了所有苏联时期的债务，并完成了入世谈判。

印度 FDI 流入额也从 2006 年开始有了较大幅度的提升。2008 年是印度吸收 FDI 的峰值，达到 471.4 亿美元，但因受全球金融危机影响，2009 年印度吸收 FDI 下跌到只有 2008 年的四分之三，直到 2013 年，其 FDI 流入量仍在 300 亿美元左右徘徊。

沙特的 FDI 流入自 2005 年起开始迅速增长，2004 年，沙特政府确定以吸引 FDI 拉动经济增长的政策，助力其快速实现经济改革，以摆脱沙特经济对能源的长期依赖。2008 年金融危机对沙特 FDI 流入未在短时间内造成重创，但近几年来，沙特 FDI 流入持续下降，这与近几年沙特国内大型项目取消和缓建有关。

哈萨克斯坦的 FDI 流入从 2006 年起开始加速增长，2008 年达到峰值 168.2 亿美元，但随后开始逐渐下行，至 2013 年时，跌到 97.4 亿美元。

近年来，“一带一路”沿线国在吸引外资政策上举动频频，但成绩并不佳（见图 3-3），主要原因为 2008 年金融危机导致传统对外投资大国（发达国家）经济严重受损，对外投资呈收缩态势。

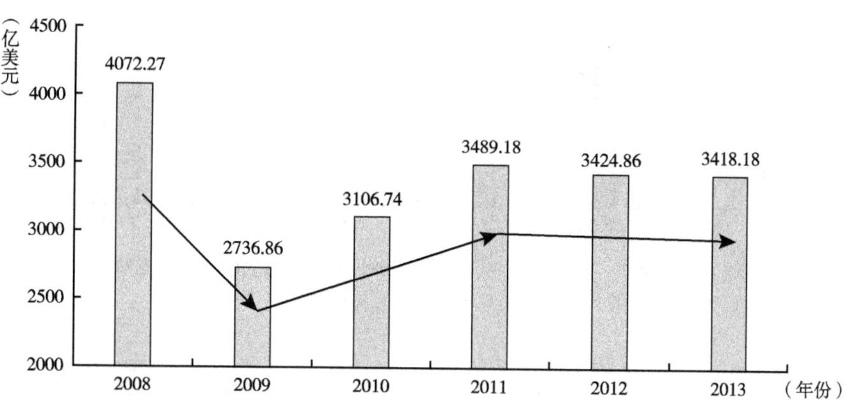

图 3-3　2008~2013 年“一带一路”沿线国吸引的 FDI 流量

资料来源：UNCTAD

中国对“一带一路”沿线国投资

一　中国对“一带一路”沿线国投资整体情况

与“一带一路”沿线国近年来吸收 FDI 流量增速放缓相比，中国从 2008 年起对“一带一路”沿线国投资处于快速增长阶段，2013 年，中国对“一带一路”沿线国的投资流量高达 126.34 亿美元，是 2008 年的 3 倍还多。但与“一带一路”沿线国吸收外资的总量相比，仍然规模较小，占前者的 3.7%（见图 3-4）。到 2013 年末，中国对“一带一路”沿线国的投资存量为 574.17 亿美元[①]，占“一带一路”吸收 FDI 总量的 1.3%，未来发展潜力很大。加大对“一带一路”沿线国的投资是中国实现“一带一路”战略的关键一环。

① 商务部、国家统计局、国家外汇管理局:《2013 年度中国对外直接投资统计公报》。

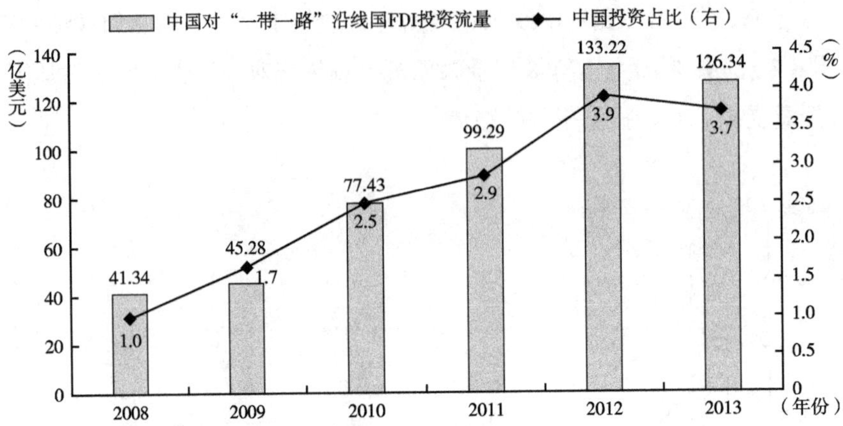

图 3-4　2008~2013 年中国对“一带一路”沿线国的 FDI 流量

资料来源:《2013 年度中国对外直接投资统计公报》

2013年在中国对外直接投资流量前20位的国家和地区中，有10个是“一带一路”沿线国，表明沿线国在中国对外直接投资中的重要地位。

表 3-14　2013 年中国对外直接投资流量前 20 位的国家和地区

序号	国家和地区	流量（亿美元）	比重（%）
1	中国香港	628.24	58.3
2	开曼群岛	92.53	8.6
3	美国	38.73	3.6
4	澳大利亚	34.58	3.2
5	英属维尔京群岛	32.22	3.0
6	新加坡	20.33	1.9
7	印度尼西亚	15.63	1.5
8	英国	14.20	1.3
9	卢森堡	12.75	1.2

续表

序号	国家和地区	流量（亿美元）	比重（%）
10	俄罗斯联邦	10.22	0.9
11	加拿大	10.09	0.9
12	德国	9.11	0.8
13	哈萨克斯坦	8.11	0.8
14	老挝	7.81	0.7
15	泰国	7.55	0.7
16	伊朗	7.45	0.7
17	马来西亚	6.16	0.6
18	津巴布韦	5.18	0.5
19	柬埔寨	4.99	0.4
20	越南	4.81	0.4
合计		970.69	90.0

资料来源:《2013 年度中国对外直接投资统计公报》

2013 年末，中国对“一带一路”沿线国 FDI 存量达 1 亿美元以上的国家共有 37 个，占据 64 个国家的大半（见表 3-15）。其中，投资存量达 10 亿美元以上的国家有新加坡、俄罗斯、哈萨克斯坦、印尼、缅甸、蒙古、伊朗、柬埔寨、老挝、泰国、印度、巴基斯坦、越南、沙特、马来西亚、阿联酋（按存量从大到小排列）。另外，表 3–14 与表 3–15 相比也可以看出，迄今为止中国“一带一路”的对外直接投资对象主要还是集中在紧邻中国的周边地区。最为明显的例子是中亚和中东欧。到 2013 年末，中亚国家中吸收 FDI 存量较大的仅有哈萨克斯坦和土库曼斯坦。而中国对中亚五国的 FDI 投资都相对较高。中东欧则相反，到 2013 年末，吸收 FDI 存量较大的国家有 15 个之多，而中国重点投资的国家仅有 8 个。

表 3-15　2013 年末中国对"一带一路"沿线国 FDI 存量达到 1 亿美元以上的国家

单位：亿美元

序号	南亚	中国FDI吸收存量	东南亚	中国FDI吸收存量	西亚北非	中国FDI吸收存量	中东欧	中国FDI吸收存量	东亚、中亚	中国FDI吸收存量
1	印度	24.47	新加坡	147.51	伊朗	28.51	俄罗斯	75.82	哈萨克斯坦	69.57
2	巴基斯坦	23.43	印尼	46.57	沙特	17.47	匈牙利	5.32	蒙古	33.54
3	斯里兰卡	2.93	缅甸	35.70	阿联酋	15.15	格鲁吉亚	5.32	吉尔吉斯斯坦	8.86
4	孟加拉国	1.59	柬埔寨	28.49	土耳其	6.42	爱沙尼亚	3.31	塔吉克斯坦	5.99
5			老挝	27.71	也门	5.49	波兰	2.58	土库曼斯坦	2.53
6			泰国	24.72	埃及	5.11	捷克	2.05	乌兹别克斯坦	1.98
7			越南	21.67	阿富汗	4.88	保加利亚	1.50	白俄罗斯	1.16
8			马来西亚	16.68	伊拉克	3.17	罗马尼亚	1.45		
9			菲律宾	6.92	卡塔尔	2.54				

资料来源：《2013 年度中国对外直接投资统计公报》

截至 2013 年底，中国对"一带一路"投资主要集中在以下几个行业：租赁和商务服务业，金融业，批发和零售业，采矿业，交通运输、仓储和邮政业。其中在亚洲地区和欧洲地区，租赁和商务服务业都占据投资量的首位（见表 3-16）。

表 3-16　2013 年中国对"一带一路"直接投资存量行业分布

地区	行业名称	存量（亿美元）	比重（%）
亚洲	租赁和商务服务业	1398.2	31.2
	金融业	838.1	18.7
	批发和零售业	709.8	15.9
	采矿业	571.7	12.8
	交通运输、仓储和邮政业	277.2	6.2
	小计	3795.0	84.8

续表

地区	行业名称	存量（亿美元）	比重（%）
欧洲	租赁和商务服务业	113.1	21.3
	制造业	108.6	20.4
	采矿业	93.3	17.6
	金融业	89.0	16.7
	批发和零售业	45.1	8.5
	小计	449.1	84.5

资料来源:《2013 年度中国对外直接投资统计公报》

二　中国对南亚地区投资

2013 年，中国对南亚地区投资存量为 53.2 亿美元，其中，对印度的投资存量最多，为 24.5 亿美元，其次为巴基斯坦，投资存量为 23.4 亿美元，斯里兰卡排名第三，投资存量为 2.9 亿美元。

2013 年，中国对南亚地区投资流量为 4.6 亿美元，对巴基斯坦的投资流量最多，为 1.64 亿美元，其次是印度，投资流量为 1.49 亿美元，斯里兰卡排名第三，投资流量为 0.72 亿美元（见图 3-5）。

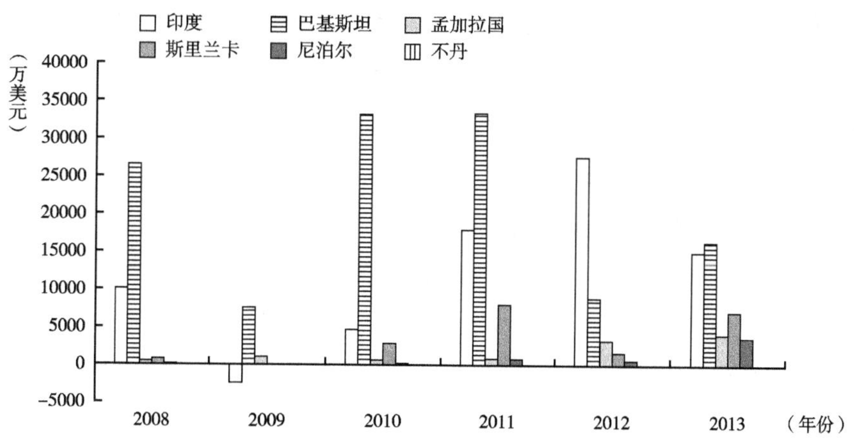

图 3–5　2008~2013 年中国对南亚各国 FDI 流量

资料来源:《2013 年度中国对外直接投资统计公报》

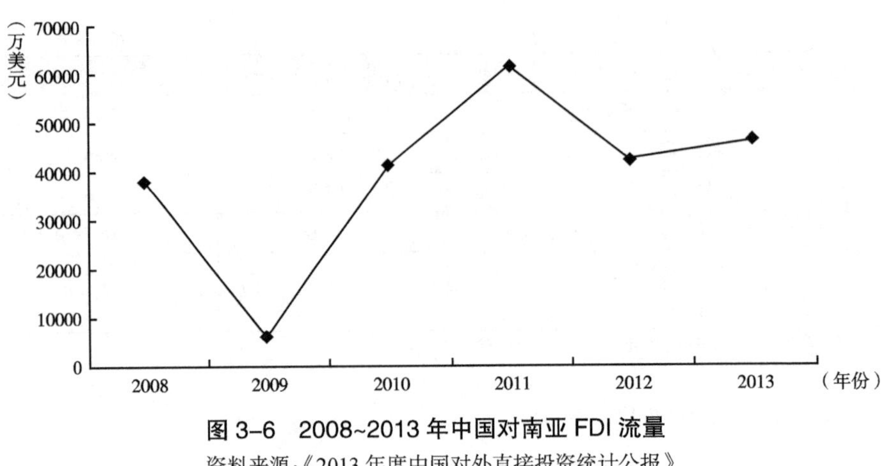

图 3-6　2008~2013 年中国对南亚 FDI 流量

资料来源：《2013 年度中国对外直接投资统计公报》

2008 年至 2013 年，中国对南亚投资流量呈曲线上升之势，受全球金融危机影响，2009 年中国对南亚投资流量跌至 6240 万美元，2011 年重新攀升至峰值 6.13 亿美元（见图 3-6）。

从投资产业上看，中国对巴基斯坦的投资以基础设施建设为主，如通信、油气勘探、电力、水利、交通、机场、港口、房建、资源开发等。根据商务部统计，2013 年中国企业在巴基斯坦新签承包工程合同 120 份，新签合同额 54.56 亿美元，完成营业额 37.01 亿美元。中国企业近年来在巴基斯坦已完成的重要基础设施项目有：中巴友谊中心（上海建工）、曼格拉大坝加高项目（中水对外）等。在建的重要项目包括：尼勒姆杰勒姆水电站项目（葛洲坝集团）、喀喇昆仑公路升级改造项目（中国路桥）、伊斯兰堡新机场航站楼项目（中建）、本·卡希姆联合循环电站（哈电）、古杜联合循环电站（哈电）、真纳水电站（东方电气）、南迪普联合循环电站（东方电气）、M-4 高速公路项目（中水对外）和卡拉奇港防波堤项目（中港）等。① 随着 2013 年中巴经济走廊协议的签订，可以预计，中国对巴基斯坦的基础设施投资将迎来新的高峰。

① 商务部：《对外投资合作国别（地区）指南－巴基斯坦》，2014，第 24 页。

中国对印度的主要投资领域包括电信、电力设备、家用电器、钢铁、机械设备以及工程机械等，总体而言，投资领域较为单一。目前，上海电气、东方电气、哈电、山东电建、中兴、华为等企业在电信、电力、公路、铁路、桥梁等基础设施领域承揽了大量工程项目，主要包括古德洛尔二期 2×600MW 电站（山东电力建设第三工程公司）、印度 NPPL2×600MW 燃煤电站（中国技术进出口总公司）、印度电信项目（华为）和杜咖泊尔火电厂汽轮发电机组（东方电气公司）等。①

三　中国对东南亚地区投资

2013 年，中国对东南亚地区投资存量为 356.8 亿美元，其中，对新加坡的投资存量最多，为 147.5 亿美元，其次为印度尼西亚，投资存量为 46.6 亿美元，对缅甸的投资排第三位，为 35.7 亿美元。

2013 年，中国对东南亚地区投资流量为 42.7 亿美元，对新加坡的投资流量最多，为 20.3 亿美元，其次是印度尼西亚，投资流量为 15.6 亿美元，对老挝的投资排第三位，为 7.8 亿美元。中国对东帝汶的投资量最少，截至 2013 年末，仅为约 0.1 亿美元（见图 3-7）。

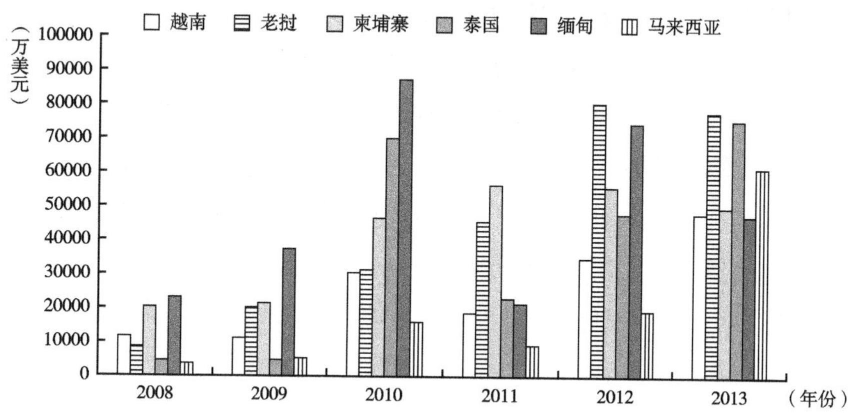

图 3-7　2008~2013 年中国对部分东南亚国家 FDI 流量

资料来源：《2013 年度中国对外直接投资统计公报》

① 商务部：《对外投资合作国别（地区）指南－印度》，2014，第 25 页。

2008年至2013年，中国对东南亚投资流量呈稳步上升之势，并未受全球金融危机影响（见图3-8），但2012年，中国对菲律宾投资逆势下降。造成这一现象的原因是多方面的，除了中国方面迎合菲律宾产业结构出现困难外（菲律宾以服务业为经济发展主导产业，而中国投资模式还未发展到这个阶段），还有一个重要原因是其与中国的外交关系因黄岩岛事件出现了恶化，影响到投资领域。

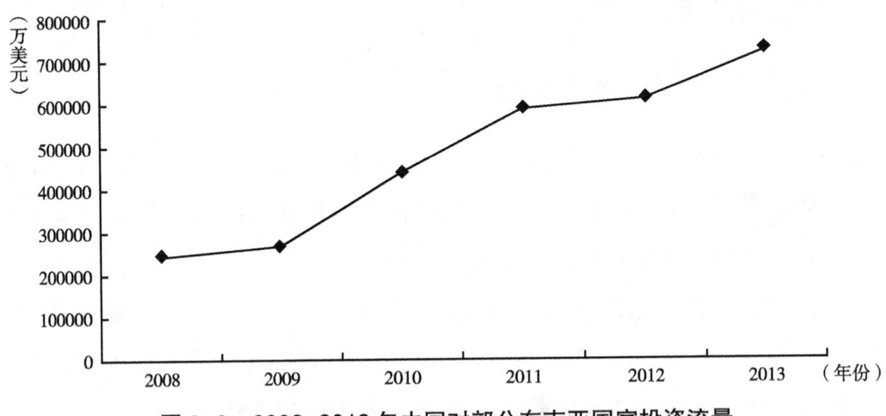

图3-8　2008~2013年中国对部分东南亚国家投资流量

资料来源：《2013年度中国对外直接投资统计公报》

中国对新加坡的主要投资领域包括航运业、地产、机械、餐饮、旅游等，目前，已有超过5200家中资企业在新加坡设立分公司或代表机构。① 主要的中资企业包括：中远控股（新加坡）有限公司、中国国际航空公司新加坡营业部、中国建筑（南阳）发展有限公司、中国银行股份有限公司新加坡分行、中国航油（新加坡）股份有限公司、南洋五矿实业有限公司、华旗资讯（新加坡）私人有限公司、新加坡中国旅行社等。② 另外，根据新交所的统计，截至2013年底，约有140家中国公司在新加坡挂牌上市，这些公司来自石油天然气、基础材料、工业、消费品、医疗保健、消费服务、公用事业、金融

① 新华社：《马蔚华：新加坡有条件成较大人民币资金储水池》，http：//rmb.xinhua08.com/a/20141130/1418571.shtml，引用时间：2014年12月2日。

② 商务部：《对外投资合作国别（地区）指南－新加坡》，2014，第24~25页。

和科技等领域。截至2013年9月底，在新加坡挂牌的中国公司总市值达320亿新元。①

中国对印尼的直接投资主要集中在能源、自然资源、基础设施方面，主要承担的项目有印尼Primasel CDMA2项目（中兴通讯）、印度尼西亚电信项目（华兴）、印尼巴厘岛燃煤电厂项目（华电工程）、泗马大桥项目（中国交通建设集团）、巴淡岛油储项目（中石化），以及巨港电站、风港电站等一大批电站建设项目。② 印尼正大力推动国内基础设施建设，2015年将有236.6亿元投入基础设施领域，但目前财政尚有85.7亿元的缺口③，预计2015年中国将提升对印尼基础设施的幅度。

中国对缅甸直接投资占缅甸吸引外资之首，领域主要集中在油气开发、油气管道、水电资源开发、矿业资源开发等领域。主要企业包括：中石油东南亚管道公司（中缅油气管道项目）、中石化（缅甸油气区块勘探项目）、中国电力投资（伊江上游水电开发项目）、大唐（云南）水电联合开发有限公司（太平江一期、育瓦迪水电开发项目）、云南联合电力（瑞丽江一级水电开发项目）、汉能集团（滚弄电站项目）、长江三峡集团（孟东水电项目）、中国水电建设集团（哈吉水电站项目、勐瓦水电站承包工程项目）、中色镍业（达贡山镍矿项目）、北方工业（蒙育瓦铜矿项目）、中国机械进出口总公司（缅甸车头车厢厂承包工程项目）、中国国际（孟邦轮胎厂改造项目、浮法玻璃项目等）、葛洲坝集团（其培电站、板其公路承包工程项目）等。④

四　中国对中亚地区投资

2013年，中国对中亚地区投资存量为88.9亿美元，其中，对哈萨克斯坦的投资存量最多，为69.6亿美元，其次为吉尔吉斯斯坦，投资存量为8.9亿美元，中国对乌兹别克斯坦的投资存量最少，不到2亿美元。

---

① 新加坡经济发展局:《投资新加坡：2014年1月至3月》，第5页。

② 商务部:《对外投资合作国别（地区）指南－新加坡》，2014，第23页。

③ 中国新闻网:《印尼明年需近200亿美元基础设施投资资金》，引用时间：2014年12月2日。

④ 商务部:《对外投资合作国别（地区）指南－印度尼西亚》，2014，第32页。

2013 年，中国对中亚地区投资流量为 11 亿美元，对哈萨克斯坦的投资流量最多，为 8.1 亿美元，其次是吉尔吉斯斯坦，投资流量为 2 亿美元，对土库曼斯坦的投资流量为负值（见图 3-9）。

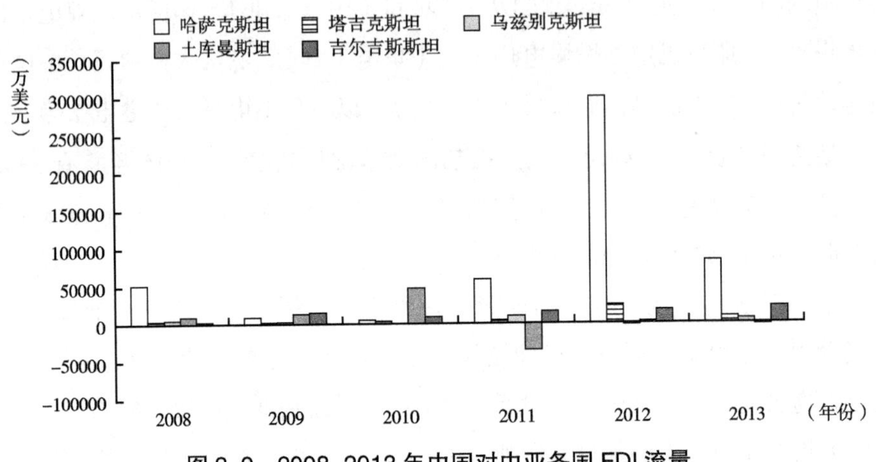

图 3-9　2008~2013 年中国对中亚各国 FDI 流量

资料来源:《2013 年度中国对外直接投资统计公报》

2008 年至 2013 年，中国对中亚投资流量呈曲线上升之势。总体来看，2011 年，中国对中亚投资开始腾飞，2012 年达到峰值（33.89 亿美元），但 2013 年又急剧下跌（见图 3-10）。

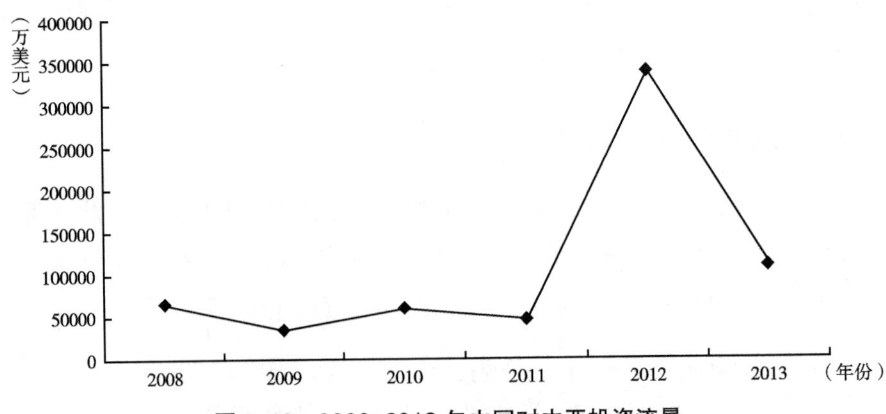

图 3-10　2008~2013 年中国对中亚投资流量

资料来源:《2013 年度中国对外直接投资统计公报》

中国对哈萨克斯坦的直接投资占哈吸引外资的第四位（截至2013年12月），中国对哈萨克斯坦的投资领域主要包括石油勘探开发、哈萨克斯坦石油公司股权并购、加油站网络经营、电力、农副产品加工、电信、皮革加工、餐饮和贸易等。目前，中国在哈投资的大型项目有：中哈石油管道项目、PK项目、ADM项目、KAM项目、曼格斯套项目、阿克纠宾项目、北布扎奇项目、肯－阿西北管道项目、里海达尔罕区块项目、中石化FIOC和中亚项目、阿斯塔纳北京大厦项目、卡拉赞巴斯油田项目、中哈铀开采项目、阿克套沥青厂和鲁特尼奇水电站项目等。①

中国在吉尔吉斯斯坦的投资领域较为多元，轻工、农产品和食品加工、农业种植、养殖、矿产资源开发和冶炼、承包工程、通信服务、运输、房地产开发、餐饮服务等多个领域和行业，但多数项目规模较小。近年来，中国对吉在交通和通信领域的投资进一步加大。2013年，中国特变电工公司承建的比什凯克热电站项目成功签约，总金额为3.86亿美元；中国路桥公司承建“北一南公路”修复项目，总金额约为4亿美元。②

五　中国对西亚北非地区投资

2013年，中国对西亚北非地区的投资存量为91.2亿美元，其中，对伊朗的投资存量最多，为28.5亿美元，其次为沙特，投资存量为17.5亿美元，阿联酋排第三位，投资存量为15.1亿美元，土耳其排第四位，投资存量为6.4亿美元。中国对黎巴嫩的投资存量最少，仅有369万美元。

2013年，中国对西亚北非地区的投资流量为21.2亿美元，对伊朗的投资流量最多，为7.5亿美元，其次是沙特，投资流量为4.8亿美元（见图3-11），对阿曼、阿富汗、叙利亚的投资流量为负值。

2008年至2013年，中国对西亚北非的投资流量呈稳步上升之势。总体来看，2012年，中国对西亚北非投资略有下降，2013年又向上攀升（见图3-12）。

① 商务部:《对外投资合作国别（地区）指南－吉尔吉斯斯坦》，2014，第43页。

② 商务部:《对外投资合作国别（地区）指南－吉尔吉斯斯坦》，2014，第23页。

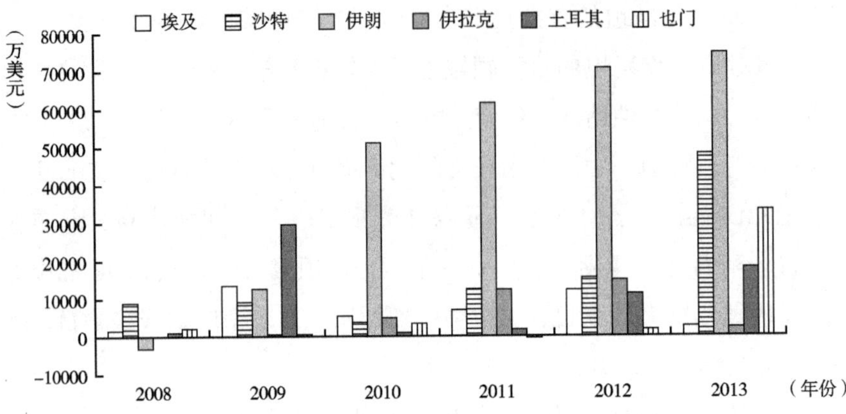

图 3-11　2008~2013 年中国对部分西亚北非国家 FDI 流量

资料来源:《2013 年度中国对外直接投资统计公报》

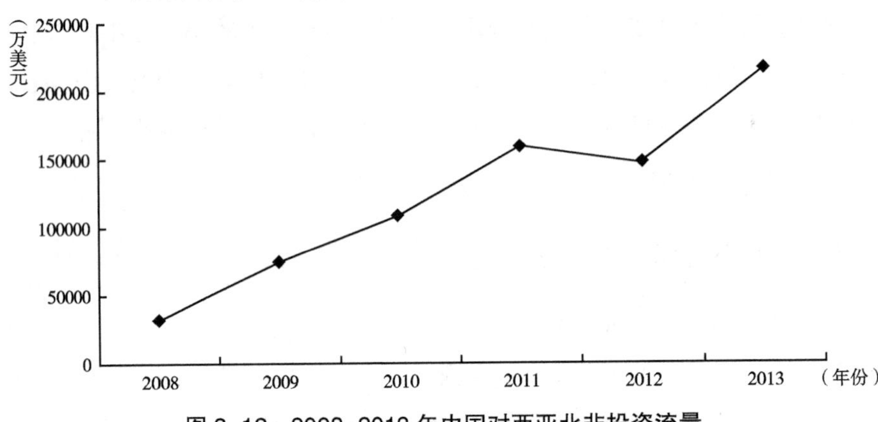

图 3-12　2008~2013 年中国对西亚北非投资流量

资料来源:《2013 年度中国对外直接投资统计公报》

中国对伊朗直接投资的领域主要包括：石油天然气、水利、石油化工、基础设施建设、机械、轻工、农业、旅游和交通运输工具制造等。主要投资项目包括：常熟达涅利冶金设备有限公司在伊朗伊斯法罕投资建设的设备生产项目；苏州阀门厂在伊朗投资建设的阀门生产厂；山东伟峰矿业在伊合资成立的库马矿业有限公司；北方工业公司、长春客车厂与德黑兰城乡铁路公司合资组装地铁客车以及大众陶瓷厂在马什哈德投资生产瓷砖等。①

① 商务部:《对外投资合作国别（地区）指南－伊朗》，2014，第 20 页。

中国在沙特的投资主要集中在建筑和基础设施领域，涉及铁路、桥梁、公路、地铁、民生建筑、医疗、工程技术、矿产勘探开发、水处理、电厂等各大领域。①

中国对阿联酋的投资主要领域为钢铁、建材、建筑机械、五金、化工等。其中，主要投资项目包括：天津钢管厂投资 15 亿元人民币在迪拜杰拜勒·阿里自由区设立分公司；中化公司累计投资约 1 亿美元开发阿联酋油气项目。

六　中国对中东欧地区投资

2013 年，中国对中东欧地区投资存量为 14.4 亿美元，其中，对匈牙利的投资存量最多，为 5.3 亿美元，其次为波兰，投资存量为 2.6 亿美元，捷克排第三位，投资存量为 2.0 亿美元。中国对黑山的投资存量最少，仅有 32 万美元，其次是拉脱维亚，投资存量仅为 54 万美元。

2013 年，中国对中东欧地区投资流量仅为 1 亿美元，对匈牙利的投资流量最多，为 0.3 亿美元，其次是保加利亚，投资流量为 0.21 亿美元（见图 3-13）。总体来讲，中国对中东欧地区的投资在“一带一路”中最少。

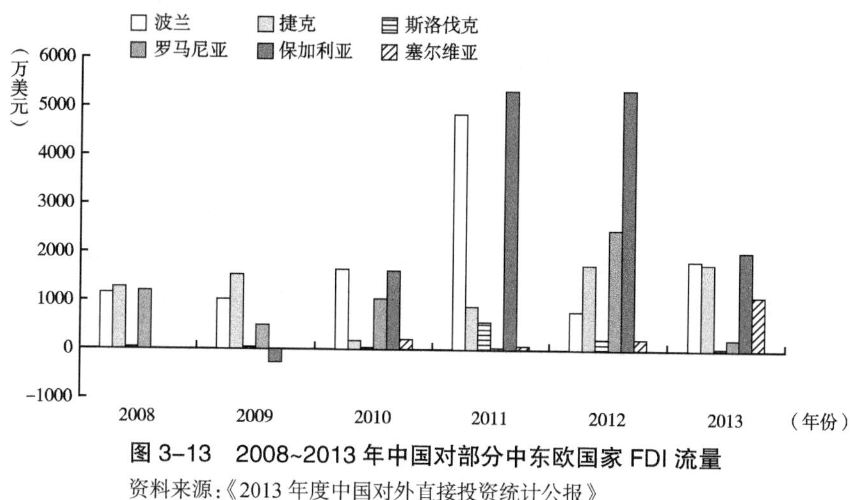

图 3-13　2008~2013 年中国对部分中东欧国家 FDI 流量

资料来源：《2013 年度中国对外直接投资统计公报》

① 汇丰：《商系环球－沙特阿拉伯》，http：//www.hsbc.com.cn/1/2/commercial-banking-cn/chinaoutbound/saudi，引用时间：2014 年 12 月 2 日。

2008 年至 2013 年，中国对中东欧地区投资流量呈曲线上升之势，2010 年，因中国对匈牙利投资迅速飞涨，拉高了中国对该地区的整体投资额，随后 2011 年又再度下降到 1 亿至 1.5 亿美元区间（见图 3-14）。

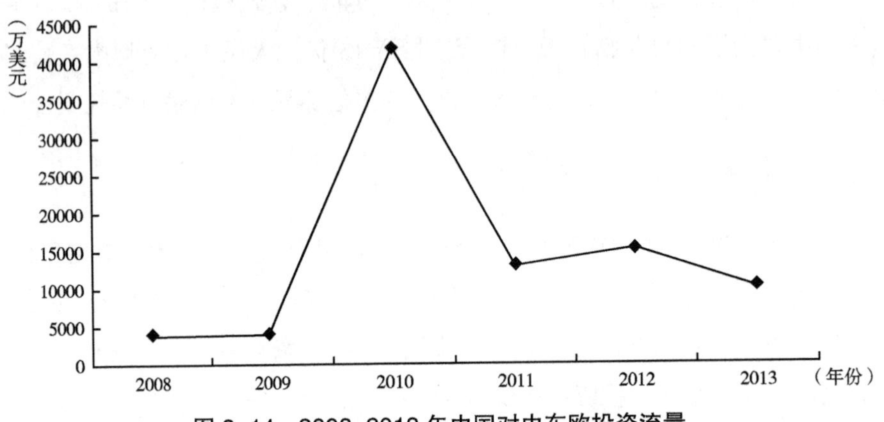

图 3-14　2008~2013 年中国对中东欧投资流量

资料来源：《2013 年度中国对外直接投资统计公报》

中国对匈牙利投资的行业主要包括金融、化工、通信设备等。主要企业包括烟台万华集团（化工行业）、华为（通讯设备）、中兴通讯（通信设备）、中国银行（金融）、格林斯乐太阳能设备（太阳能）、山东帝豪公司（商贸物流）等。①

中国对波兰投资的主要领域为贸易和服务、制造业、房地产、承包工程等。截至 2012 年底，中国在波兰注册企业共有 723 家。目前，在波兰的主要制造业中资企业有：中波轮船公司、柳工机械、TCL 波兰电视机组装厂、苏州胜利科技电视机配件生产厂、山西运城制版、大连达伦特蜡烛厂、苏州昶虹电子等。此外还有华为、中兴、中土、中水电、上海建工、上海城建等企业在波兰有投资项目。②

总体来看，中国对“一带一路”沿线投资处于上升之势。在“一带一路”

① 商务部：《对外投资合作国别（地区）指南 - 匈牙利》，2014，第 28 页。

② 商务部：《对外投资合作国别（地区）指南 - 波兰》，2014，第 34 页。

沿线国中，中国直接投资较多的国家主要有以下四个特点：① 自然资源较为丰富（如哈萨克斯坦、蒙古、伊朗等）；② 交通运输设施较差（如柬埔寨、缅甸等）；③ 与中国关系较好（如巴基斯坦、缅甸、老挝等）；④ 地理距离与中国较近（在东南亚、南亚、中亚投资较多，在中东欧投资较少）。未来“一带一路”战略的有效推进需要中国加大在中东欧地区的投资，否则“一带一路”战略仅仅是中国周边的“一带一路”，难以成为带动中国经济腾飞的两翼。

第四章 “一带一路”投资环境评估的理论构建

东道国投资环境评估系统研究

中国对“一带一路”的投资具有自己的特性，不能用西方的标准来研判中国对外投资的东道国环境。国观智库通过比较“一带一路”沿线国家吸收外国直接投资流量及吸收来自中国投资的流量，可以发现中国对外直接投资与世界其他国家对沿线国投资有较大的不同，仅通过普遍适用的因素来分析中国对外直接投资行为是不准确的。

为了更准确地对东道国投资环境进行判断，本书参考了两类报告及学术文献。第一类是普适性的国际投资报告——对母国不加以区分，运用世界通用指标①来分析东道国的投资环境。第二类是中国对外直接投资报告——除了一些世界通用标准外，引入其他的、中国投资者非常关心的指标来分析东道国的投资环境。在研究形式上，我们同样把投资报告和学术文献分为两类——经验判断（企业调查）和实证分析（假设检验）。经验判断类报告主要以对在东道国投资的企业经营者与高层管理人员调查为主，调查内容包括投资动机与阻碍企业顺利经营的主要问题，由此勾勒出比较理想的投资环境，亚洲开发银行的《促进菲律宾投资环境》与世界银行的《对马来西亚生

① 如世界银行公布的《营商环境指数》、美国传统基金会的《经济自由度指数》等。

产力与投资环境的评估》报告都是以世界银行公布的《营商环境指数》为参考标准。因此在本书的指标体系中，也借鉴了《营商环境指数》中的部分内容（见图 4-1 与图 4-2）。实证分析类报告大多利用面板数据，通过回归模型得出对投资最为重要的考虑因素，并根据这一模型综合判断东道国的投资环境质量。图 4-3 显示，在 1% 的显著水平下，共有 7 个指标通过了检验，其中，双边投资协定（BIT）的回归系数最大，其次为两国领导人互访次数。图 4-4 显示，在通过显著性检验的 6 个指标中，东道国经济自由度的回归系数最高。

与我们参考研究的同类报告或文献不同的是，本书首次以“一带一路”沿线国为研究样本，结合了大量普适性与中国特有因素，参考了五大原创思想来源（世界性组织、地区性组织、智库、大学与知名金融咨询公司）的国际投资报告或学术文献，通过实证检验分析了 2008 年至 2013 年的中国企业对外直接投资的动机与限制因素对投资流量的影响。

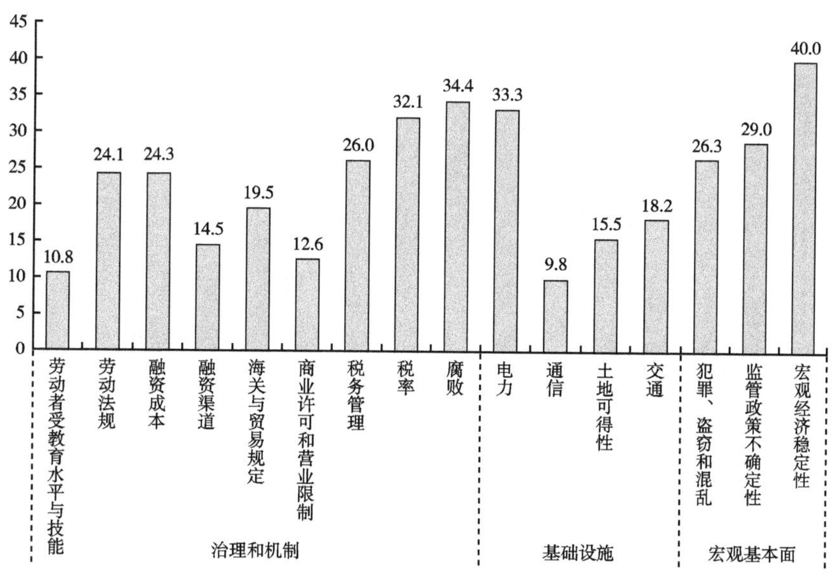

图 4-1 菲律宾投资环境各指标重要程度

资料来源：亚洲开发银行《促进菲律宾投资环境》（详见附件二）

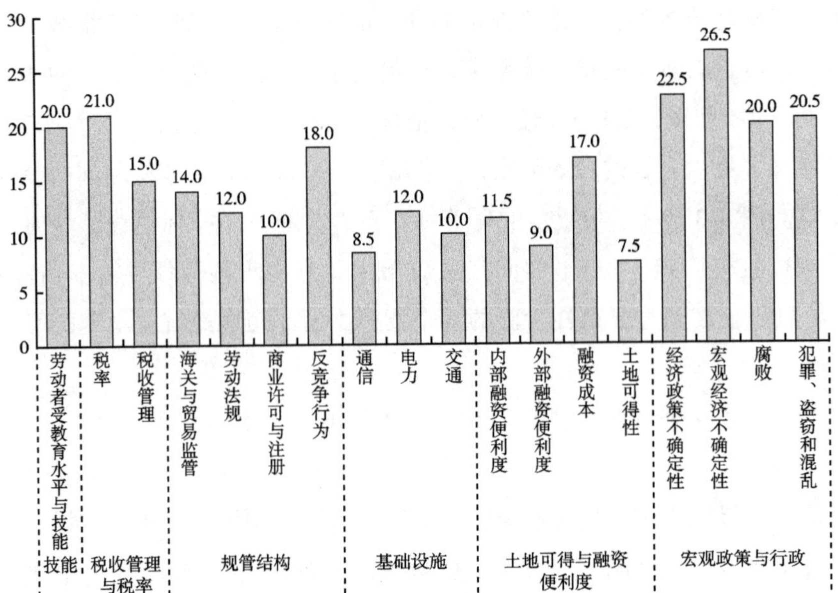

图 4-2　马来西亚投资环境各指标重要程度

资料来源：世界银行《对马来西亚生产力与投资环境的评估》报告（详见附件二）

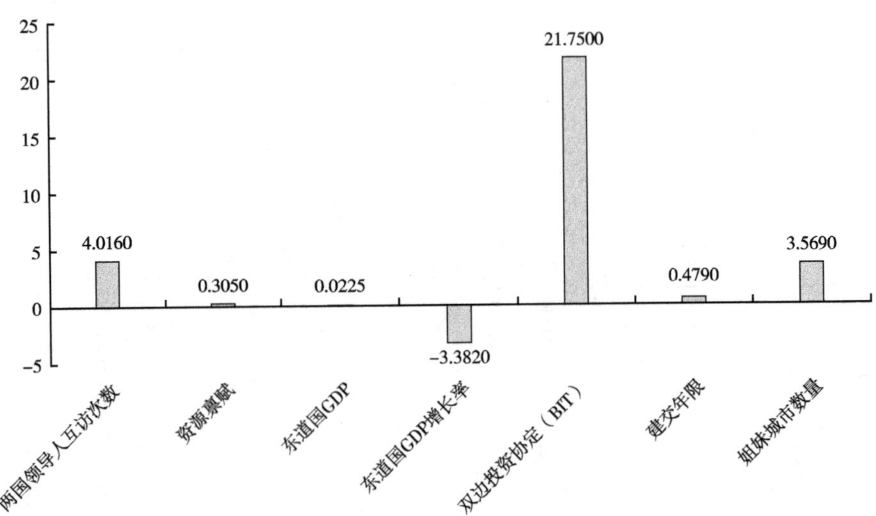

图 4-3　在 1% 显著水平下通过检验的指标回归系数

资料来源：张建红等《外交与投资——中国案例》（详见附件二）

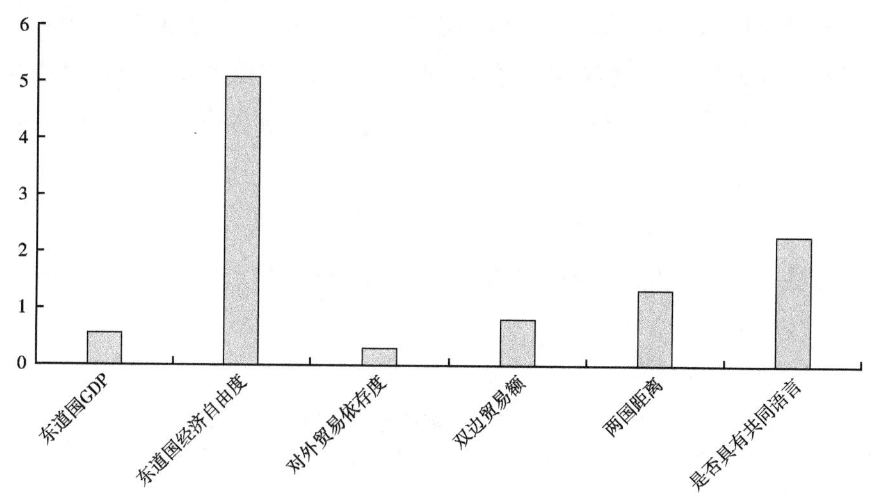

图 4-4 通过检验的指标回归系数

资料来源：王胜《中国对外直接投资区位选择的影响因素研究》（详见附件二）

投资环境的指标评估

中国的“一带一路”投资将以“基础设施建设”为核心，并结合东道国经济环境与潜力，尊重各国有关投资的各类制度安排，而这些考虑因素的前提条件是东道国和平的政治环境。因此根据图 4-5 所列指标，我国企业对“一带一路”OFDI 区位选择的重要因素可分为基础设施建设、经济、制度以及政治 4 个部分。根据我们对参考文献和投资报告的梳理，整理出以下对“一带一路”沿线国投资存在重要影响的可量化因素（按照在 20 篇报告中出现的次数而降序排列）。

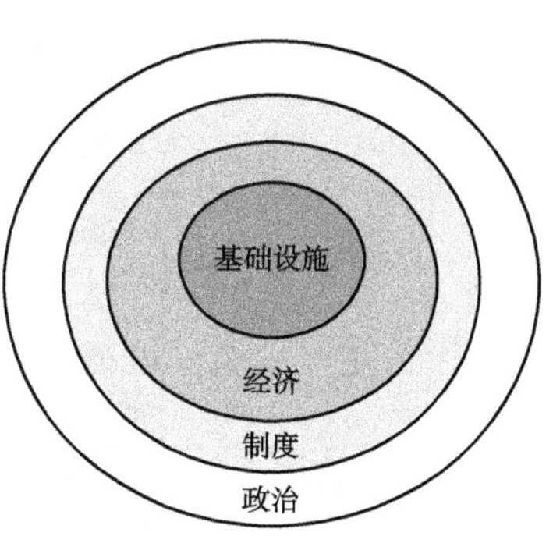

图 4-5 中国对“一带一路”沿线国投资的重要因素

其中，基础设施建设类指标包含交通、通信以及电力 3 个方面。经济类因素涵盖指标较多，主要有经济规模（国内生产总值、人均国内生产总值、国内生产总值增速、人口数量）、经济稳定性（通货膨胀率和汇率波动性）、生产要素（劳动力成本、劳动者技能）、经济开放度（东道国吸收外国直接投资程度、双边贸易、对外贸易依存度）以及自然资源和科技水平。制度类指标包括是否与中国签署双边投资协定、经济自由度、土地可得性、税率、税务管理、运营许可、融资便利度以及劳动力市场监管等。政治类因素则包括政治稳定性、姐妹（友好）城市数量、领导人访问次数、腐败、官僚、财政平衡，以及犯罪成本 7 个指标。

表 4-1 中国对“一带一路”沿线国直接投资区位选择因素 *

类别	因素名称	指标含义	指标英文名称	数据来源	与投资间关系
基础设施	交通	物流绩效指数	quality of trade and transport-related infrastructure	WB Logistics Performance Index	+
	通信	固定电话服务	fixed telephone subscription	ITU	+
	电力	电力覆盖程度	getting electricity	WB Doing Business	-
经济	国内生产总值	东道国国内生产总值	GDP	IMF	+
	人均国内生产总值	东道国人均国内生产总值	GDP per capita	IMF	+
	国内生产总值增速	东道国国内生产总值增速	GDP growth	IMF	+
	人口数量	东道国人口数量	population	IMF	+
	通货膨胀率	通货膨胀率	inflation rate	IMF	+
	汇率波动性	东道国官方汇率波动性	exchange rate volatility	WB	-
	劳动力成本	名义最低工资	nominal minimum wage	ILO	-
	劳动者技能	劳动生产率	output per worker	ILO	+

续表

类别	因素名称	指标含义	指标英文名称	数据来源	与投资间关系
经济	东道国吸收外国直接投资程度	东道国吸收直接投资流量/东道国国内生产总值	inward FDI/GDP	UNCTAD	+
	双边贸易	中国与东道国双边贸易额	bilateral trade	中国统计局	+
	对外贸易依存度	进出口总额/东道国国内生产总值	(total imports+total exports)/GDP	WB	?
	自然资源	东道国能源产品的出口额（燃料、石油和金属矿产）占总出口的比重	fuels，ores and metals exports/total merchandise exports	WB WDI	
				UNCOMTRADE	+
		自然资源经济租金/东道国国内生产总值	total natural resource rents/GDP	WB WDI	
					–
	科技水平	东道国高科技产品出口	high-tech exports (% of manufactured exports)	WB	+
		东道国技术强度	technology intensity	WIPO	+
制度	是否与中国签署双边投资协定	中国与东道国间双边投资协定	bilateral investment treaty	UNCTAD	+
	经济自由度	东道国经济自由度指数	economic freedom index	美国传统基金会	+
	土地可得性	土地购买或租赁便利度	access to land	未找到统一来源	+
	税率	企业总税率	total tax rate	WB	–
	税务管理	纳税准备与用时	time to prepare and pay taxes	WB	–
	运营许可	许可证限制	licensing restrictions	菲莎研究所	+
	融资便利度	信贷融资便利度	getting credit	WB Doing Business	–
	劳动力市场监管	劳动力市场监管	labor market regulations	菲莎研究所	?

续表

类别	因素名称	指标含义	指标英文名称	数据来源	与投资间关系
政治	政治稳定性	政治稳定性（无暴力）	political stability and absence of violence	WB WGI	+
	姐妹（友好）城市数量	中国与东道国间姐妹城市数量	sister-city relations	中国外交部	+
	领导人访问次数	中国与东道国领导人因政治原因互访次数	the number of senior leaders' visits	中国外交部	+
	腐败	清廉指数	corruption perception index	透明国际	-
	官僚	与政府人员交涉费用	bureaucracy cost	菲莎研究所	-
	财政平衡	中央政府财政平衡/GDP	fiscal balance/GDP	IMF	?
	犯罪成本	犯罪的经济成本	business costs of crime	菲莎研究所	+

* 注：此处的“与投资间关系”为回归前的估测。

以下对部分上述指标与投资间关系进行解析。

一 基础设施类

通信

一般地，东道国电子通信发达程度从两个方面影响外国直接投资的流入。首先，电子通信业的发展可有效促进经济增长，进而使投资者回报上涨。Gupta(2000)[①] 研究发现，通信服务业每增长 1% 可带来 3% 的经济规模增长。其次，Dedrick（2001）[②] 通过对 43 个国家的数据研究佐证了“通信业投资的上涨也会带来劳动生产率的提高”。根据亚洲开发银行发展指标与政策研究

① Gupta，N. K., *The Business of Telecommunication* [M]. New Delhi：Tata MaGraw-Hill Publishing Company Limited，2000.

② Kraemer，K. L.，Dedrick，J.. *Information Technology and Economic Development: Results and Policy Implication of Cross-Country Studies* [j]，2001.

部（ERDI）针对菲律宾投资环境的调查发现，通信问题是企业家在该国进行投资时较为关心的一点。

二 经济类

（一）汇率波动性

汇率主要通过两个方面影响着外国直接投资行为——东道国与母国汇率水平的相对变化以及东道国汇率的波动性。大多数学者认为，东道国货币的贬值降低了外国企业在该国的生产成本从而促进外国直接投资活动的增加①。跨国公司作为外国直接投资的主要实施者，由于存在着原材料的进出口、劳动力的工资支付以及利润的汇回等，往往对东道国的汇率变化较为敏感。具体地，汇率的变化改变了跨国公司对东道国资产的购买力、东道国要素成本的衡量，从而增加直接投资收益的风险。Pindyck 等（1994）② 认为东道国汇率波动增加了企业收集信息的成本，因此企业不会立即投资而是等待合适时机。

Bénassy-Quéré 等（2001）③ 分析了双边汇率波动对直接投资的影响，发现稳定的名义汇率有利于直接投资。李一文和李良新（2014）④ 通过对 347 例中国非金融类对外投资的反馈，计算了各种因素对中国海外投资企业影响的权重及风险因素。文中发现，包含汇率波动性因素的经营风险是中国境外投资企业最大的风险，发生概率为 46.6%。亚洲开发银行对菲律宾投资环境的分析中也强调了汇率波动对外国直接投资的重要性，通过在该国开展外国企业的调查发现，汇率波动性作为宏观经济稳定性的指标，对企业经营有着重要的影响。

---

① Steven W. Kohlhagen，“Exchange Rate Changes，Profitability，and Direct Foreign Investment”，University of California，Berkeley. Abstract from *Southern Economic Journal*，July 1977，p. 43.

② Ricardo J. Caballero，Robert S. Pindyck，“Uncertainty，Investment，and Industry Evolution”，*International Economic Review*，Vol.37. No.3，August 1996.

③ Bénassy-Quéré，Agnès，and Benoît Mojon，“EMU and Transatlantic Exchange Rate Stability”，In Thomas Moser and Bernd Schips，eds.，*EMU, Financial Markets and the World Economy*（Boston：Kluwer Academic），ch.4. 2001.

④ 李一文，李良新：《中国企业海外投资风险与预警研究——基于中国非金融对外直接投资案例调查》，《首都经济贸易大学学报》2014 年第 3 期。

（二）自然资源

1. 自然资源出口

自然资源出口由东道国能源产品的出口额（燃料、石油和金属矿产）占总出口的比重来表示，代表了东道国资源禀赋情况。一般认为，一国能源产品（燃料、石油和金属矿产）出口占总出口比重越大，其吸引中国投资者的能力便越强。张毅（2013）[①] 通过分析 1994~2005 年中国投资 75 个国家的面板数据得出，东道国的自然资源出口率是非常重要的指标，即自然资源出口率变化 1% 会带动中国对外直接投资流量 0.38% 的变化。

2. 自然资源经济租金

资源租赁是一项协议，其中无限期拥有自然资源的合法所有者将资源出租给承租人，而承租人定期支付费用。这一指标更多地用来衡量政府管理资源的行为，一般地，政府收取自然资源租金持续增高的国家，外国直接投资会出现下降。自然资源租金往往是发展中国家赖以生存、发展国民经济的重要资金来源，更多地体现一国中央政府对资源的管控，有时甚而演化为政府对外资企业的间接征收。资源寻求型投资者主要看重一国丰富的自然资源及廉价的劳动力，而往往忽视东道国相关制度是否严格。莫兰（1974）曾研究发现，跨国企业在自然资源产业的议价能力往往要低于其在其他产业的议价表现，因为投入这类产业需要较高的固定成本，议价能力反被东道国政府所持有。因此，自然资源类国际投资常常陷入难以解决的争端中。

三　制度类

（一）双边投资协定

双边投资协定（以下简称 BIT）是“两个国家为了鼓励、促进和保护相

① Y.Zhang and H. Roelfsema., Unraveling the Complex Motivations behind China’s Outward FDI, *Journal of the Asia Pacific Economy,* 2013.

互之间的投资而签署的法律协定”[①]。BIT 既含有对外国投资的待遇，如公平公正、最惠国待遇、国民待遇，又有处理征用与国有化、汇兑转移与代位权等投资争议的程序性规定。制度较差的东道国法制薄弱、政策多变，外国企业的投资很难得到东道国一般性制度的有效保护，对投资保护的需求也更高。如果东道国与母国签订了 BIT，便可以在一定程度上促进国际投资的发展并避免或减少法律障碍，保证投资关系的稳定性。“一带一路”沿线国大部分为发展中国家，中国在对这些国家进行直接投资时，应注意投资环境、政策与法律方面存在的不稳定因素。一旦遇到投资争端，应积极运用双边投资协定来最大限度地保护企业利益。因此 BIT 的签订是有效解决国际投资争端的保障[②]，也是企业在做初期准备工作时就需要重点考虑的问题。

（二）税率与税务监管

东道国税务系统对中国直接投资产生的作用体现在以下两个方面。首先，高税率抬高企业生产和经营成本，削弱了利润表现，是企业决定直接投资区位时最重要、最直观的考虑因素。Gropp 和 Kostial（2000）[③] 根据 1988 年至 1997 年 OECD 国家的相关数据建立了 FDI 和法定税率（以及其他宏观经济变量）的计量模型，并通过回归分析后发现，法定税率对 FDI 流入具有显著的影响。即法定税率每上升 10% 的水平，FDI 的流入则减少 0.3%。事实上，世界各国——尤其是发展中国家，税收激励（税收激励是政府对资本的再分配，对一些特别的经济活动给予优惠的税收待遇，以吸引外国资本流入[④]）一直是一国政府吸引外资的重要工具之一。在20世纪改革开放时期，中国也曾以“降低税率”为手段吸引外国资本的流入。其次，复杂的赋税管

---

① UNCTAD，*World Investment Report 2000: Cross-border Mergers and Acquisitions and development*，United Nations Conference on Trade and Development（UNCTAD），New York and Geneva，2000.

② 中国已与 130 多个国家签订 BIT，而在“一带一路”国家中有 12 个国家未和中国签订 BIT。

③ Gropp，R. and Kostial，K.，“The Disappearing Tax Base：Is Foreign Direct Investment（FDI）Eroding Corporate Income Taxes?”，*IMF Working Paper*，2000.

④ 刘帅，张珊珊：《税率影响各国（地区）政府吸引 FDI——基于发展中国家（地区）面板数据的实证研究》，《科协论坛》2013 年第 11 期（下）。

理制度会增加企业行政成本。英国《金融时报》集团旗下《对外投资情报》杂志于 2014 年做的一项调查问卷中显示，东道国企业税收环境作为整体投资环境的重要组成部分，愈来愈成为投资者在选取东道国时的重要考察因素。

（三）融资便利度

融资便利度指企业和个人从正规金融系统获得信贷的难易程度，该指标来自世界银行《全球商业环境报告》。信贷融资便利度主要从两个方面审核东道国的信贷融资体系。一是信贷交易中对债务双方权利的评估，主要侧重于对担保交易中债务双方合法权利的保护程度，以“合法权利指数（strength of legal rights index）”衡量。合法权利指数越高，表明对债务双方权利的保护程度越高。二是信用信息共享的程度，主要衡量一国征信体系的信用信息共享程度，以“信用信息指数（depth of credit information index）”衡量，覆盖征信体系提供的信用信息的覆盖面、范围和开放程度等。信用信息指数越高，表明该国的信用信息共享程度越高。

（四）劳动力市场监管

劳动法规指当地政府对企业在用工上的限制，主要包括：最低工资、法定工时、休假规定、劳工保险、劳工补偿、劳工雇用及劳工解聘等方方面面的限制。跨国企业进行对外投资的主要目的之一即是寻求效率并优化生产链，因此将劳动密集型企业建立在劳动法较为灵活的地区符合企业利益（Javorcik and Spatareanu，2005；Gorg，2005；Drezner，2006）。亚洲开发银行针对印尼投资环境做的一项调查问卷显示，近半数企业认为劳动法规的限制是企业经营的主要限制之一，其重要程度超过劳工技能指标。在劳动法规各条款中，最受企业关注的限制是解聘程序复杂度、解聘成本、暂时雇用限制及薪资灵活度。

四　政治类

（一）政治稳定性

政治稳定性风险，即东道国内部不同利益冲突所引发的政局动荡、民族与宗教冲突和内乱等使外国投资企业或其财产遭受重大损失。

政治稳定性低的国家在面临政权更迭、民族内部矛盾尖锐时往往无力保证国家政策——尤其是针对外国投资者政策的延续性，使投资者信心受损且在短期内难以恢复。2013年中东地区政局动乱直接影响了外国直接投资，企业受到较大牵连。中东非政局的动荡有一部分原因是其内部不稳定的社会关系，即在长期巨额石油收入过度集中的情况下，国家内部腐败问题滋生而使社会矛盾突出，加之频繁的教派冲突导致中东非国家的政权基础非常不稳定，政府几乎在短期内失去了管理经济社会风险的能力。在这一形势下中国在当地的工程承包面临严重威胁，部分企业出现停工、应付款拖欠及业主失去联系等问题。

在国际投资理论文献以及企业调查中，政局动荡被认为是影响外国直接投资的较重要因素。国家风险国际指南（ICRG）政治风险指数是国际上普遍用来衡量东道国制度的综合指标，包括政府稳定性、社会经济条件、投资环境、内部冲突、外部冲突、腐败、军事与政治、行政体系及其他方面。张纪风（2014）① 通过实证检验得出的东道国政治风险指标（ICRG）变动1%会引起4.05%的中国对外直接投资（OFDI）变化。Bala Ramasamy 和 Matthew Yeung（2012）② 通过对影响中国企业对外投资的假设检验得出，政局稳定性变化1%将引起中国企业对外直接投资0.26%的流量变化。根据华沙大学对前独联体国家不同规模外资企业调查得出，政局稳定性是企业家考虑的重要问题，尤其表现在吉尔吉斯斯坦。

（二）领导人访问次数

一般地，东道国与母国领导人互访次数增加有助于两国间直接投资的增加，而相反当两国外交关系恶化而领导人停止互访时，两国间直接投资也会受到相应的负面影响。东道国在吸收外来直接投资时，政府与地方部门倾向于把企业视作他国政府在海外的非正式机构。当两国外交关系面临突然恶化时，东道国往往把不满情绪施加于外国直接投资企业，并伴随如直接征用、

① 张纪风:《制度因素：资源寻求与中国对外直接投资的区位选择》,《工业技术经济》2013年第9期。

② Bala Ramasamy, Matthew Yeung and Sylvie Laforet. "China's Outward Foreign Direct Investment: Location Choice are Firm Ownership." *Journal of World Business*, 2012.

严格监管、重税及提高进入壁垒等措施。与此同时，由于外国直接投资大多为长期固定投资，在东道国存在大量沉没成本，以至于很难在关系恶化时及时从东道国撤离，从而使企业财产遭受较大损失。

（三）腐败

东道国官员腐败行为的存在为投资者进行交易增添成本，使投资者无法按照国际惯例市场规则进行交易，长此以往会导致政府公信力的降低。

研究表明，腐败会造成财产与人力的巨大浪费，导致外国直接投资扭曲、企业技能浪费，严重时还会破坏经济的效率和增长。腐败作为东道国政治风险的一方面，程度越高使外国直接投资面临的不确定性越大。虽然有学者研究发现腐败有时可以促进经济增长①，但多数还是认为腐败引致的高交易成本及不确定性会导致外来资本的外逃。

哈萨克斯坦在刚建立市场经济时，由于过快的私有化过程而带来市场经济的负面效应——政治权力在市场操作中不受约束，带来了经济方面的腐败，尤其是在与能源相关的领域。而相反，据透明国际发布的全球清廉指数显示，新加坡近几年的清廉指数蝉联亚洲第一位，其在反腐方面的工作也得到了世界的认可。较高的清廉指数带来了良好投资环境，使新加坡成为经济自由指数第二国家。根据亚洲开发银行发展指标与政策研究部（ERDI）针对菲律宾投资环境的调查发现，腐败问题是企业家在该国进行投资时最为关心的问题。

近年来，跨国企业在经济转型国家的投资行为迅速加快。中东欧与前独联体国家的经济自由化以及中国与东亚的经济发展吸引了大量跨国企业的投资行为。波兰社会与经济研究中心（CASE）在研究前独联体国家（乌克兰、摩尔多瓦、格鲁吉亚、吉尔吉斯斯坦）的商业环境如何影响外国直接投资者时发现，不同投资动机的三类投资者——市场需求者、资源或劳工需求者、效益追求者，都会重点考虑东道国的腐败问题。

---

① 详细分析见 Leff N.,“Economic Development Through Bureaucratic Corruption”, *American Behavioral Scientist*，1094，Vol. 8，No.2，pp.8–14；列夫（1964）认为腐败通过特有机制促进投资的增长，即企业避免负担应对官僚制度的成本，通过向东道国政府行贿避免政府无效率造成的损失。

（四）犯罪成本

这一指标来源于菲莎研究所（Fraser Institute）引用的《全球竞争力报告》中的"犯罪商业成本"，意为东道国的犯罪与暴力发生概率在多大程度上为商业运营平添成本。东道国社会犯罪率的高低是其社会稳定与否的表现之一。Pion–Berlin（2011）[①] 研究认为高犯罪率不仅威胁到东道国居民的人身安全，而且不利于当地政权维持稳定。政府为打击犯罪而过多地消耗公共资源，势必阻碍其在国计民生项目上的投入，进而导致社会不稳定因素频发。相对于街头犯罪而言，有组织犯罪对营商环境的破坏更为明显。Soares 和 Naritomi（2010）[②] 进一步指出，有组织犯罪会导致制度失稳并破坏商业环境的良性发展。在犯罪率与对外直接投资的关系上，Manrique 等（2006）[③] 分析指出，有组织犯罪导致的社会动荡平添了企业运营的商业成本，而且犯罪实施对基础设施的破坏会直接影响投资者的信心，外国投资者需要投入更多费用用于加强安保，以维持企业正常经营。

评估模型

一 研究样本

本书在研究对象以及数据选取上主要考虑两个因素：首先，2008 年金融危机以后各国国民经济开始调整与恢复并展现新的经济格局；其次，中国"一带一路"沿线国还尚未有明确的定义。因此我们选取 63 个国家（上文）2008 年至 2013 年的面板数据作为研究样本。

---

① Pion–Berlin，David and Harold Trikunas，Latin America's Growing Security Gap. *Journal of Democracy*. Vol. 22，No. 1，2011.

② Soares，Rodrigo and Joana Naritomi，Understanding High Crime Rates in Latin America. In：*The Economics of Crime*：*Lessons for and from Latin America*?

③ Manrique，Luis Esteban, *A Parallel Power*：*Organized Crime in Latin America*. Real Instituto Elcano.

表 4-2 2008~2013 年面板数据描述 *

变量名称	平均数	中位数	最小值	最大值	标准差
交通	2.67	2.58	1.91	4.21	0.47
通信	17.89	17.97	0.15	45.85	12.26
电力	67.72	69.39	20.97	92.43	16.07
国内生产总值	175.71	52.93	1.61	1737.91	323.73
人均国内生产总值	10884.03	5312.52	565.65	1300.62	14566.82
国内生产总值增速	3.77	4.29	–1.89	10.79	3.13
人口数量	46955502	7579020	324053	1200996531	154772731
通货膨胀率	6.63	5.72	1.04	19.53	3.85
汇率波动性	–2.33%	–0.63%	–18.09%	2.31%	0.04
劳动者技能	29176.56	21262.67	2357.49	98762.94	24554.84
东道国吸收外国直接投资程度	4.61	2.87	0.37	28.45	4.90
双边贸易	1180813.52	359808.61	1007.08	7818705.89	1825399.29
自然资源经济租金 / 国内生产总值	12.97	4.00	0.00	54.77	16.20
税率	36.56	34.84	9.80	94.35	16.92
税务管理	273.6	248.0	12.0	954.3	167.6
运营许可	7.24	7.48	3.14	10.00	1.72
融资便利度	53.66	52.08	10.42	93.96	21.99
劳动力市场监管	6.74	6.95	4.65	8.98	1.16
政治稳定性	–0.33	–0.39	–2.67	1.22	0.97
姐妹（友好）城市数量	2.52	1.00	0.00	29.00	4.43
领导人访问次数	3.17	2.50	0.17	24.67	3.58
腐败	36.75	34.00	12.17	90.67	15.67
官僚	4.99	5.35	2.12	8.45	1.43
财政平衡	–0.59	–2.78	–13.24	42.60	8.70
犯罪成本	6.63	6.65	3.30	9.41	1.42

* 注：是否签订双边投资协定因数据形态无法描述未纳入其中，自然资源出口因在缺失国家中进行过统计处理，因此也未纳入其中。

二　实证方法

多元回归模型是考察中国对外直接投资区位决定因素的基本工具，因此列模型如下：

$OFDI_i=\alpha+\beta_1X_1+\beta_2X_2+\cdots+\beta_nX_n+\varepsilon_i$,

其中，OFDI 表示中国对外直接投资流量，i 表示一带一路沿线国家；β 为模型的变动参数，即各指标（自变量）与 OFDI（因变量）之间的变动关系；X 为上文中出现的各指标，ε_i 为误差项。

三　实证结果及讨论

根据上文多元回归模型实证结果表明，在选取的影响我国 OFDI 投资水平的解释变量中，共有 19 个变量通过了显著性检验。其中政治因素包括政治稳定性、领导人访问次数、腐败、犯罪成本 4 个指标。经济因素包括自然资源出口、自然资源经济租金 / 国内生产总值、东道国吸收外国直接投资程度、汇率波动性，双边贸易以及国内生产总值。制度因素包含是否签署双边投资协定、融资便利度、税率、税务管理以及劳动力市场监管 5 个指标。基础设施因素则分别是交通、通信以及电力 3 个指标。

本书第一部分曾提到，中国的“一带一路”实际是以基础设施建设带动欧亚形成一个经济圈，将各地区的资金、技术、市场、资源与中国的制造能力纳入一个体系，促进自由贸易以及整个欧亚经济的发展。

基础设施建设是“一带一路”的核心，只有达到设施的联通，才能更好地搭配规章制度、人员交流的互联互通。在我们的总样本回归中，交通运输、距离以及电力均与中国 OFDI 形成反向变动关系，即 1% 的交通运输、距离以及电力的增加可分别减少中国对外直接投资流量的 0.06%、0.31% 及 0.04%。远距离增添企业经营成本的原因显而易见，但交通运输与电力分别与 OFDI 反向变动则需要考虑中国投资的特殊性。各国都在寻找新的增长动力之时，改善基础设施便成为新的增长点。随着自由贸易的深入，贸易条件的细节改进是需要落实的，运输与时间成本都成为了自由贸易深入发展的限制条件。因此，随着“一带一路”基础设施的大力建设，未来中国对这方面的投资还会加大，投资者也会更加青睐欠发达地区的基建。例如，中国在东南亚和南亚地区的电信投资项目相对较多，当地欠佳的通信设施为中国企业提供了良好的投资机会。可以预见的是，未来随着基础设施建设的逐步完善，“距离”要素对中国投资者的限制将会较大幅度减小。

经济实力是一国吸引外国直接投资最为根本、直观的条件，投资者普遍青睐规模大、潜力高、对外资开放以及发展稳定的经济体。

自然资源出口占总出口的比重及自然资源经济租金成为衡量一国资源禀赋与资源管理的主要指标，总样本回归结果显示，2008 年至 2013 年“一带一路”沿线国的能源产品出口率与中国直接投资流入呈显著的正向变动关系，而自然资源经济租金则与中国直接投资流入呈反向变动。截至 2013 年底，中国对“一带一路”沿线国的直接投资主要集中在以下几个行业：租赁和商务服务业，金融业，批发和零售业，采矿业，交通运输、仓储和邮政业。其中，采矿业投入在欧洲与亚洲区域分别占总投入的 17.6% 和 12.8%。近年中国经济增速明显放缓、能源密集型制造业开始减速，2013 年中国原油进口增速降至 2006 年以来最低水平。然而中国作为能源消费大国，对自然资源产品的依赖性还将保持在高位。因此，了解东道国在自然资源产业方面的政策措施以及相关制度显得尤为必要，一方面企业要做好充分的投资前准备，了解目标国相关领域的各项制度细节；另一方面在遇到争端时，合理利用第三方仲裁机构维护自身权益。

总样本回归结果显示，2008 年至 2013 年“一带一路”沿线国家的汇率波动性与中国直接投资流入呈显著的反向变动关系，即 1% 的汇率波动性的增加引起中国直接投资流入 0.07% 的减少。

如图 4-6 所示，东道国汇率波动性影响着其吸收中国直接投资流量的变化。2013 年，蒙古、埃及、捷克、阿富汗汇率波动性较大使中国对其直接投资流量出现不同程度的减少。相反地，俄罗斯、阿曼、塞尔维亚、乌兹别克斯坦汇率比较稳定而吸收了更多的中国直接投资。

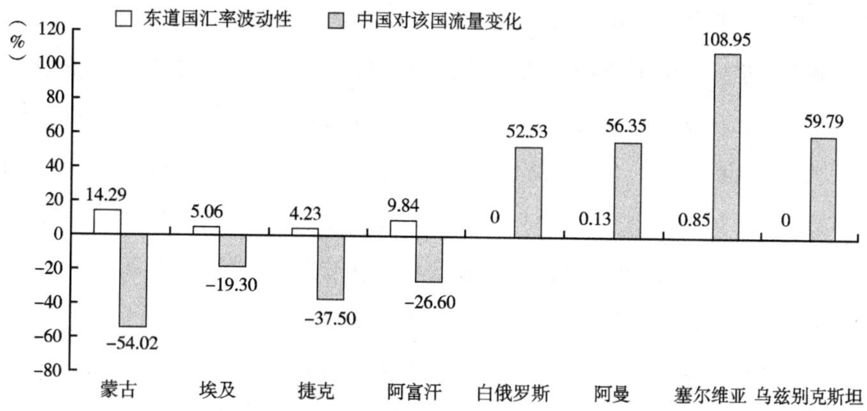

图 4-6 2013 年东道国汇率波动性与中国对该国流量变化的关系

资料来源:《2013 年度中国对外直接投资统计公报》，世界银行数据库

互联互通本就是基础设施、制度规章、人员交流三位一体的，并要实现政策沟通、设施联通、贸易畅通、资金融通、民心相通五大领域齐头并进。中国对“一带一路”的推进离不开各国的理解、信任以及合作，而这前提是中国企业要充分了解东道国的营商环境（制度和政治环境）、尊重各国相关制度、警惕政治风险，才能有效地减少不必要的冲突或争端并赢得东道国政府及国民的信任。

在总样本回归结果中，政治稳定性与投资流量间呈现高度的相关性，即 1% 的政治稳定性指标的变动引起约 0.13% 的投资流量的变化。简言之，政治稳定性越高的国家，越能够吸引中国直接投资流入。而东道国 1% 的腐败增加会减少 0.03% 的中国直接投资流入，腐败越严重，中国直接投资越少。而“一带一路”沿线国的犯罪率与中国直接投资流入呈现高度正向变动关系，即在犯罪商业成本高的国家，中国对外直接投资相对较高。事实上，这并不意味着中国投资者青睐“犯罪天堂”。近年来，中国在“一带一路”投资的重点区位为欠发达的国家和地区，贫困率和失业率的“双高”现象为犯罪者营造了一个进行有组织犯罪的“良好”环境。

根据我们的调查研究发现，在“一带一路”国家中，劳动法规制约与中国对其直接投资流入呈反向变动关系，即在劳动法规越严格的国家，中国的直接投资越少。近年来，中国平均工资持续上涨，中国作为廉价劳动力大国的优势在逐渐丧失，而中国周边几个国家，尤其是东南亚国家如印尼、蒙古、泰国、越南等，平均工资都低于中国，中国制造类企业有优化生产链的需要，而东道国劳工制度如果过于严格，将不利于企业控制成本。另外，过于严格的劳动法规能够制约的企业也不仅限于劳动密集型企业，对于跨国公司而言，驻外企业需保持一定比例的本国员工，但这一点或与当地劳动法规定相悖。2013 年 1 月由欧盟中国商会、毕马威会计师事务所与罗兰贝格咨询公司联合进行的调查显示，有对欧投资意向的中国企业认为欧洲的商业环境相对世界其他地区较差，其中最为突出的问题，除欧洲高企不下的税率外还有：① 难以为中国雇员获取签证和工作许可；② 难以同欧洲劳动法协调。

2008 年至 2013 年，“一带一路”沿线国信贷融资便利度与中国直接投资流入有反向变动关系，即 1% 的信贷融资便利度提升会导致 0.11% 的投资流入的减少。这表明在信贷融资便利度较高的国家，中国直接投资相对较少，在信贷融资便利度较少的国家，中国直接投资则相对较多，但幅度并不明显。这与中国在“一带一路”的投资类型相关，中国在此区域频频投资水电站、港口、机场、铁路等基础设施项目，融资大多来自中国国家银行或区域金融组织（如上合组织），此类投资多无须当地银行贷款。未来随着“一带一路”项目的推进，亚洲基础设施银行将承担更多的为中国投资者融资的服务。

虽然制度与政治环境是投资者比较难以主动控制的，但是两国间建立的历史联系以及良好的双边关系将有助于具体争端或冲突的解决。

2008 年至 2013 年中国与“一带一路”沿线国的 BIT 签署情况与中国直接投资流入呈显著的变动关系，即两国在签署 BIT 的前提下，中国对该国的直接投资呈现 0.06% 的流入。双边投资的签订可以有效促进中国对东道国的直接投资行为。另外，双边投资协定也是在双方产生争端时可以用来有效维护双方权益的工具之一。

中国与沿线国家领导人互访次数与中国直接投资流量是正向的变动关系，即 1% 的领导人访问次数的提高可以带动约 0.12% 的中国直接投资流入。泰国自 2013 年爆发大规模反政府游行以来，海外企业正常投资活动与国民消费都遭受了严重打击。在这样波动的政局下，大量海外短期资本出逃以逃避政治风险，并伴随着大量外国直接投资企业纷纷撤资。然而，由于中泰关系一直保持友好，高层领导人互访也没有受到泰国国内政局的影响而保持稳定。因此在泰国的中国企业对泰国政局持信任态度，并没有出现突然的撤资行为。相反地，中国与菲律宾外交关系的恶化严重影响了中国对菲律宾的直接投资。

从图 4-7 中可以看出，中国在 2009 年加大了对菲律宾的直接投资，但从 2011 年以来中国对菲投资呈直线下滑趋势，与菲律宾一直走高的 GDP 规模成鲜明对比。造成这一现象的原因是多方面的，除了中国方面迎合菲律宾产业结构出现困难（菲律宾以服务业为经济发展主导产业，而中国投资模式还未发展到这个阶段），更重要的原因是中菲外交关系恶化。黄岩岛事件导致中菲双方出现了有史以来在南海发生的持续时间最长、影响范围最广、最为深远的对峙。

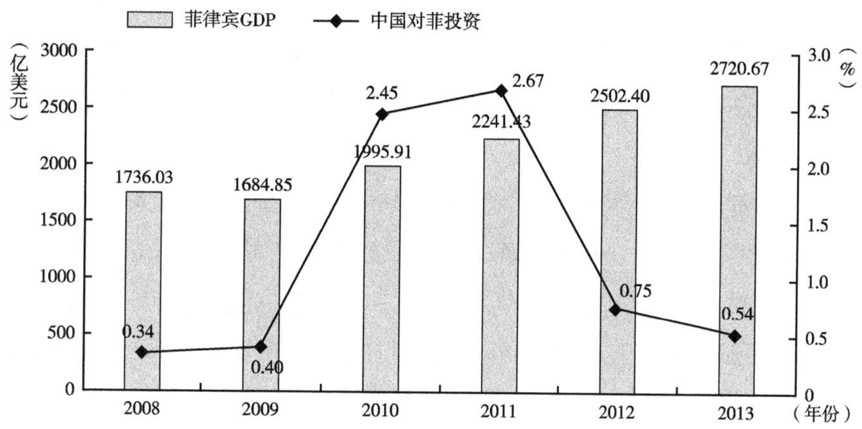

图 4-7 2008~2013 年菲律宾 GDP 与中国对菲直接投资流量

资料来源:《2013 年度中国对外直接投资统计公报》，IMF

张建红等（2014）① 对中国投资 131 个国家的实证研究发现，中国与东道国领导人访问次数与中国在东道国直接投资呈显性正相关，即 1% 的领导人访问次数的变化引起 4.1% 的中国 OFDI 流量变动。因此在分析中国对外直接投资行为时，领导人访问次数是较为重要的考量因素。

① Jianhong Zhang，Jiangang Jiang，Chaohong Zhou，“Diplomacy and Investment – the Case of China”，*International Journal of Emerging Markets*, Vol. 9, Iss 2, pp. 216 – 235（2014）.

第五章 “一带一路”沿线国基础设施指数评估

基础设施指数排名

从基础设施指数的测算结果来看（因子分析法），分数越高的国家，其基础设施条件（电力、通信以及交通物流）越完善，进而越有利于中国直接投资的进入。

分数方面，63个国家得分区间为24.5~100.0，均值为56.9，大于（或等于）均值的国家共计30个。排名方面，基础设施指数排名前10位的国家分别是新加坡、阿联酋、斯洛文尼亚、以色列、克罗地亚、爱沙尼亚、土耳其、马来西亚、沙特以及卡塔尔。排名倒数后4位则分别为塔吉克斯坦、孟加拉国、阿富汗以及缅甸。

为了更好地看出国家间基础设施指数差异，本书对“一带一路”63个沿线国家的基础设施指数按照系统聚类“最远邻元素法”进行分级，一共分为5个级别，且各级别间差异分布较为明显。其中，第Ⅰ级别与第Ⅱ级别的差异程度最大，即第Ⅰ级别末位与第Ⅱ级别首位相差16.3。

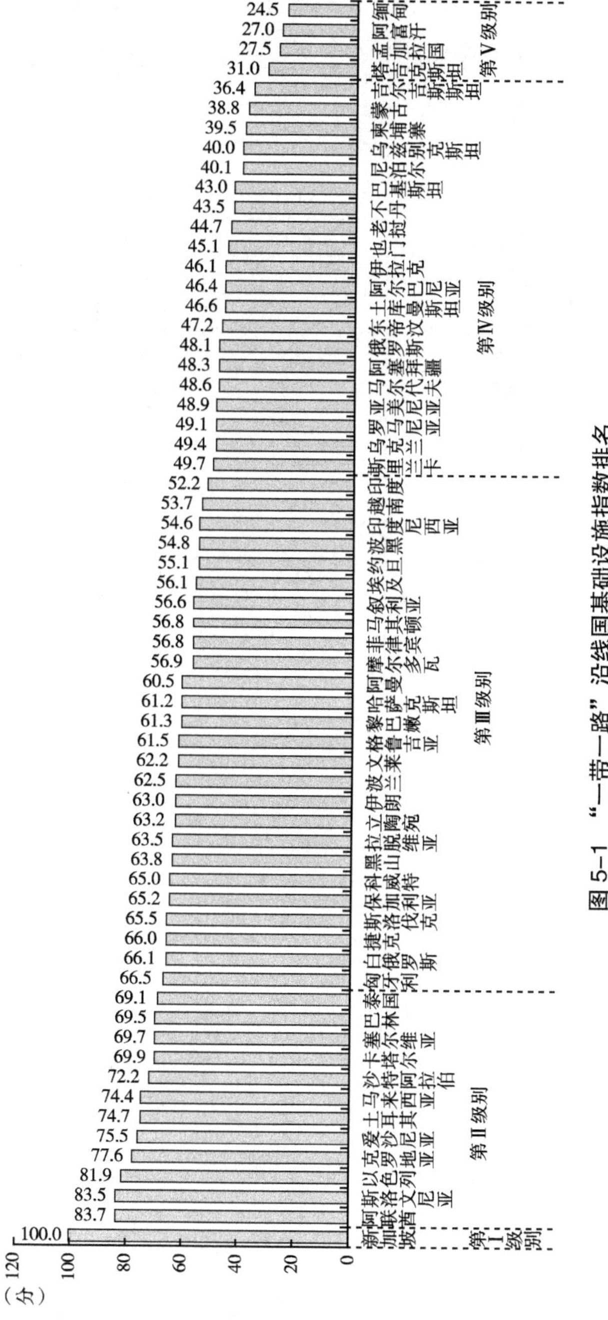

图 5-1 "一带一路"沿线国基础设施指数排名

表 5-1 “一带一路”沿线国基础设施指数排名（按级别）

级别	国家名称	分数	区域	排名
第Ⅰ级别	新加坡	100.0	东南亚	1
第Ⅱ级别	阿联酋	83.7	西亚北非	2
	斯洛文尼亚	83.5	中东欧	3
	以色列	81.9	西亚北非	4
	克罗地亚	77.6	中东欧	5
	爱沙尼亚	75.5	中东欧	6
	土耳其	74.7	西亚北非	7
	马来西亚	74.4	东南亚	8
	沙特阿拉伯	72.2	西亚北非	9
	卡塔尔	69.9	西亚北非	10
	塞尔维亚	69.7	中东欧	11
	巴林	69.5	西亚北非	12
	泰国	69.1	东南亚	13
第Ⅲ级别	匈牙利	66.5	中东欧	14
	白俄罗斯	66.1	中东欧	15
	捷克	66.0	中东欧	16
	斯洛伐克	65.5	中东欧	17
	保加利亚	65.2	中东欧	18
	科威特	65.0	西亚北非	19
	黑山	63.8	中东欧	20
	拉脱维亚	63.5	中东欧	21
	立陶宛	63.2	中东欧	22
	伊朗	63.0	西亚北非	23
	波兰	62.5	中东欧	24
	文莱	62.2	东南亚	25
	格鲁吉亚	61.5	中东欧	26
	黎巴嫩	61.3	西亚北非	27
	哈萨克斯坦	61.2	中亚及蒙古	28
	阿曼	60.5	西亚北非	29
	摩尔多瓦	56.9	中东欧	30
	菲律宾	56.8	东南亚	31
	马其顿	56.8	中东欧	32
	叙利亚	56.6	西亚北非	33

续表

级别	国家名称	分数	区域	排名
第Ⅲ级别	埃及	56.1	西亚北非	34
	约旦	55.1	西亚北非	35
	波黑	54.8	中东欧	36
	印度尼西亚	54.6	东南亚	37
	越南	53.7	东南亚	38
	印度	52.2	南亚	39
第Ⅳ级别	斯里兰卡	49.7	南亚	40
	乌克兰	49.4	中东欧	41
	罗马尼亚	49.1	中东欧	42
	亚美尼亚	48.9	中东欧	43
	马尔代夫	48.6	南亚	44
	阿塞拜疆	48.3	西亚北非	45
	俄罗斯	48.1	中东欧	46
	东帝汶	47.2	东南亚	47
	土库曼斯坦	46.6	中亚及蒙古	48
	阿尔巴尼亚	46.4	中东欧	49
	伊拉克	46.1	西亚北非	50
	也门	45.1	西亚北非	51
	老挝	44.7	东南亚	52
	不丹	43.5	南亚	53
	巴基斯坦	43.0	南亚	54
	尼泊尔	40.1	南亚	55
	乌兹别克斯坦	40.0	中亚及蒙古	56
	柬埔寨	39.5	东南亚	57
	蒙古	38.8	中亚及蒙古	58
	吉尔吉斯斯坦	36.4	中亚及蒙古	59
第Ⅴ级别	塔吉克斯坦	31.0	中亚及蒙古	60
	孟加拉国	27.5	南亚	61
	阿富汗	27.0	西亚北非	62
	缅甸	24.5	东南亚	63

基础设施指数按区域排名

从各区域的排名分布情况来看：中亚及蒙古地区没有一个国家位列基础设施指数前20，哈萨克斯坦位列第28，土库曼斯坦排名第48位，而乌兹别克斯坦、蒙古、吉尔吉斯斯坦以及塔吉克斯坦则分别位列第56、58、59及第60；南亚七个国家排名均在中后位，印度、斯里兰卡、马尔代夫、不丹、巴基斯坦、尼泊尔以及孟加拉国分别排在第39、40、44、53、54、55及第61位；东南亚各国在各分位数量排布较为均匀，其中新加坡与马来西亚分别位列第1与第8，泰国、文莱、菲律宾、印尼、越南、东帝汶、老挝、柬埔寨以及缅甸分别位列第13、25、31、37、38、47、52、57及第63；西亚与北非区域中，有5个国家进入排名前10位，成为在最佳分位上包含国家数量最多的区域，这5个国家分别是阿联酋（第2位）、以色列（第4位）、土耳其（第7位）、沙特阿拉伯（第9位）以及卡塔尔（第10位）；中东欧国家中，有约一半数量的国家排布在前20位。由此可得，“一带一路”区域间基础设施水平差异较明显。相对而言，中东欧与西亚北非在这一领域的表现优于其他三个区域。

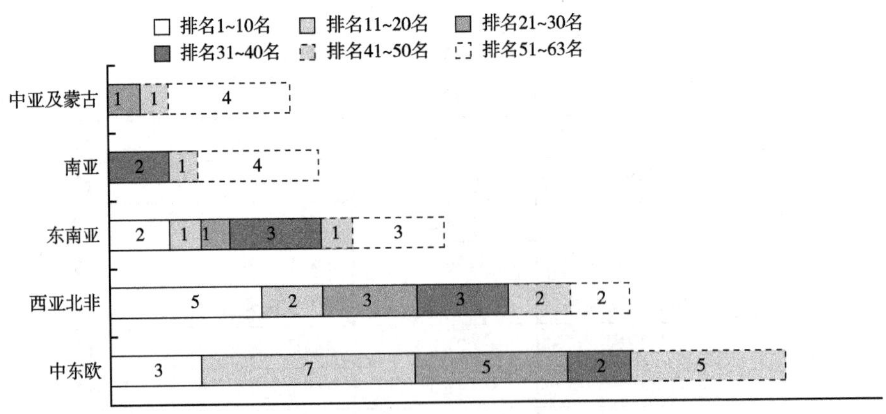

图 5-2 “一带一路”沿线国基础设施指数排名区域分布情况

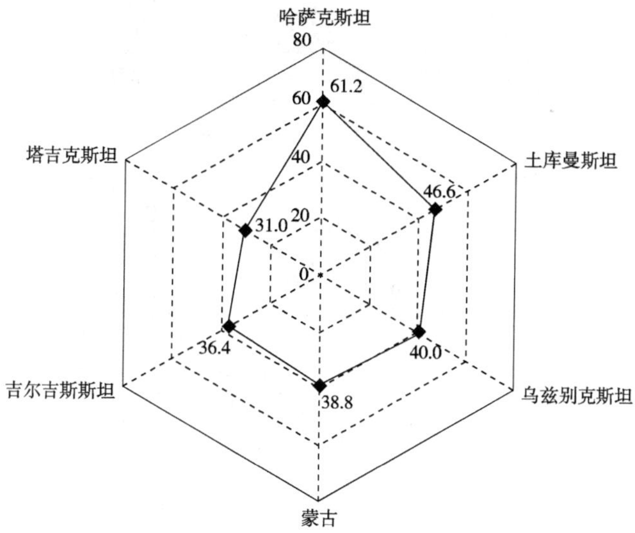

图 5-3 “一带一路”中亚及蒙古国家基础设施指数排名

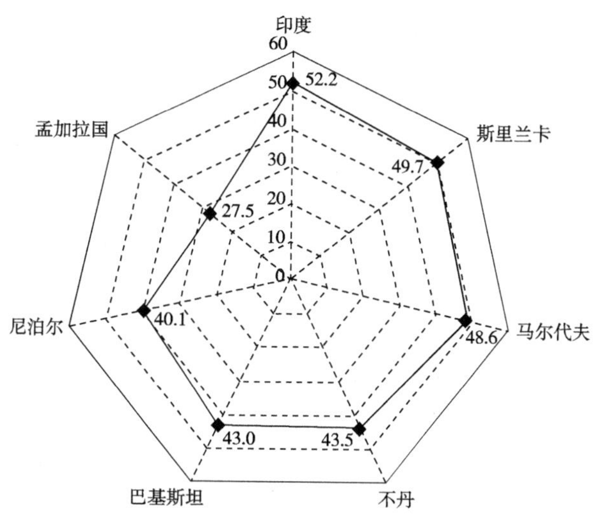

图 5-4 “一带一路”南亚国家基础设施指数排名

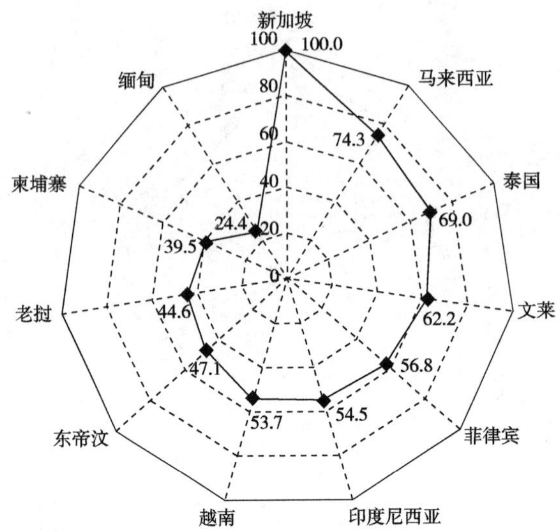

图 5-5 “一带一路”东南亚国家基础设施指数排名

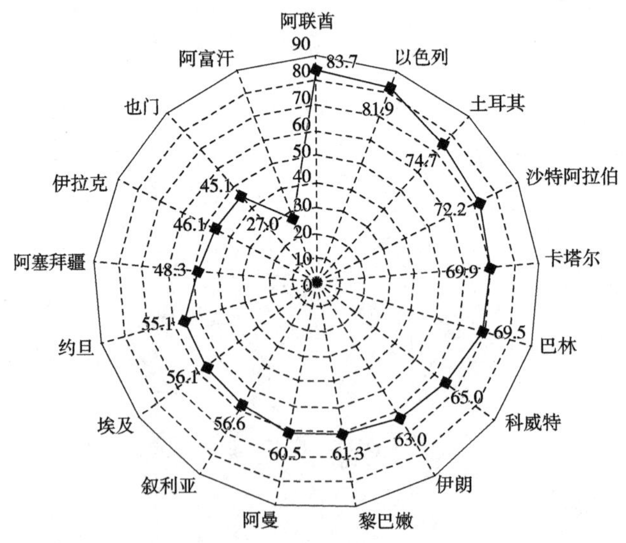

图 5-6 “一带一路”西亚北非国家基础设施指数排名

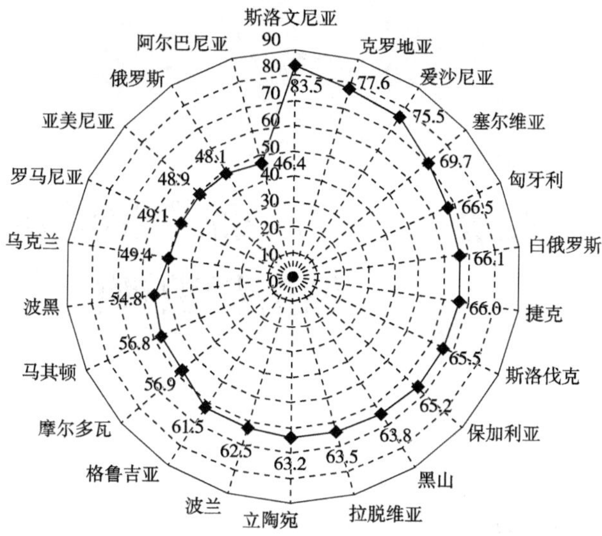

图 5-7 “一带一路”中东欧国家基础设施指数排名

第六章 “一带一路”沿线国经济指数评估

经济指数排名①

从经济指数的测算结果来看（因子分析法），分数越高的国家，其经济环境（自然资源出口、自然资源经济租金、东道国吸收 FDI 程度、汇率波动性，双边进出口总额以及 GDP）越有利于中国直接投资的进入。

分数方面，62 个国家得分区间为 43.2~100.0，均值为 60.0，大于均值的国家共计 23 个。排名方面，经济指数排名前 10 位的国家分别是沙特阿拉伯、俄罗斯、蒙古、印度、新加坡、哈萨克斯坦、马来西亚、阿曼、印度尼西亚以及伊朗。而排名后 10 位的国家则依次为拉脱维亚、巴基斯坦、白俄罗斯、阿富汗、缅甸、马其顿、斯洛文尼亚、斯里兰卡、尼泊尔以及摩尔多瓦。

为了更好地看出国家间经济指数的差异，本书对“一带一路”62 个沿线国家的经济指数按照系统聚类“最远邻元素法”进行分级，一共分为 5 个级别。级别间差异程度较为明显，其中第Ⅰ、第Ⅱ级别间差异程度最大，第Ⅱ、第Ⅲ级别间差异最小。具体地，第Ⅰ级别末位与第Ⅱ级别首位相差 11.3，第Ⅱ级别末位与第Ⅲ级别首位相差 2.1，第Ⅲ级别末位与第Ⅳ级别首位相差 3.5，第Ⅳ级别末位与第Ⅴ级别首位相差 2.3。

---

① 由于叙利亚缺少有关经济数据，故未纳入排名中。

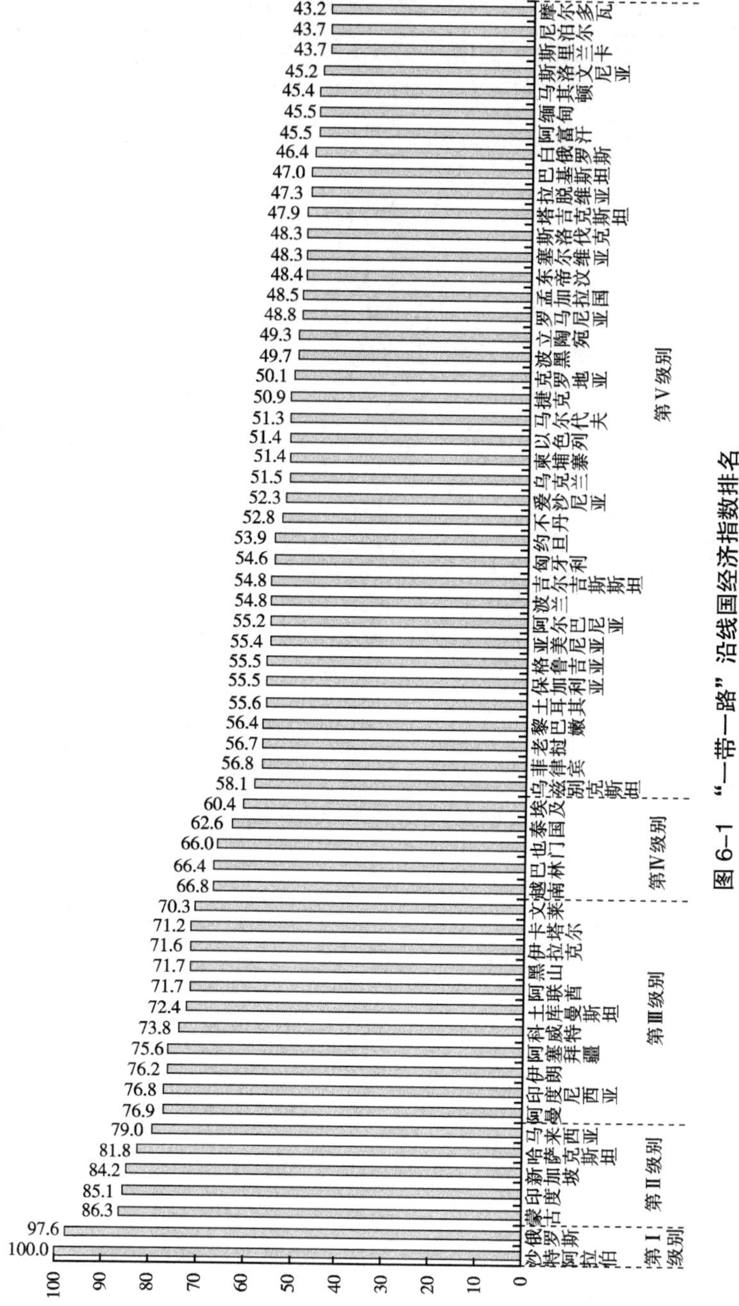

图 6-1 “一带一路”沿线国经济指数排名

表 6-1 “一带一路”沿线国经济指数排名（按级别）

级别	国家名称	分数	区域	排名
第Ⅰ级别	沙特阿拉伯	100.0	西亚北非	1
	俄罗斯	97.6	中东欧	2
第Ⅱ级别	蒙古	86.3	中亚及蒙古	3
	印度	85.1	南亚	4
	新加坡	84.2	东南亚	5
	哈萨克斯坦	81.8	中亚及蒙古	6
	马来西亚	79.0	东南亚	7
第Ⅲ级别	阿曼	76.9	西亚北非	8
	印度尼西亚	76.8	东南亚	9
	伊朗	76.2	西亚北非	10
	阿塞拜疆	75.6	西亚北非	11
	科威特	73.8	西亚北非	12
	土库曼斯坦	72.4	中亚及蒙古	13
	阿联酋	71.7	西亚北非	14
	黑山	71.7	中东欧	15
	伊拉克	71.6	西亚北非	16
	卡塔尔	71.2	西亚北非	17
	文莱	70.3	东南亚	18
第Ⅳ级别	越南	66.8	东南亚	19
	巴林	66.4	西亚北非	20
	也门	66.0	西亚北非	21
	泰国	62.6	东南亚	22
	埃及	60.4	西亚北非	23
第Ⅴ级别	乌兹别克斯坦	58.1	中亚及蒙古	24
	菲律宾	56.8	东南亚	25
	老挝	56.7	东南亚	26
	黎巴嫩	56.4	西亚北非	27
	土耳其	55.6	西亚北非	28
	保加利亚	55.5	中东欧	29
	格鲁吉亚	55.5	中东欧	30
	亚美尼亚	55.4	中东欧	31
	阿尔巴尼亚	55.2	中东欧	32
	波兰	54.8	中东欧	33

续表

级别	国家名称	分数	区域	排名
第Ⅴ级别	吉尔吉斯斯坦	54.8	中亚及蒙古	34
	匈牙利	54.6	中东欧	35
	约旦	53.9	西亚北非	36
	不丹	52.8	南亚	37
	爱沙尼亚	52.3	中东欧	38
	乌克兰	51.5	中东欧	39
	柬埔寨	51.4	东南亚	40
	以色列	51.4	西亚北非	41
	马尔代夫	51.3	南亚	42
	捷克	50.9	中东欧	43
	克罗地亚	50.1	中东欧	44
	波黑	49.7	中东欧	45
	立陶宛	49.3	中东欧	46
	罗马尼亚	48.8	中东欧	47
	孟加拉国	48.5	南亚	48
	东帝汶	48.4	东南亚	49
	塞尔维亚	48.3	中东欧	50
	斯洛伐克	48.3	中东欧	51
	塔吉克斯坦	47.9	中亚及蒙古	52
	拉脱维亚	47.3	中东欧	53
	巴基斯坦	47.0	南亚	54
	白俄罗斯	46.4	中东欧	55
	阿富汗	45.5	西亚北非	56
	缅甸	45.5	东南亚	57
	马其顿	45.4	中东欧	58
	斯洛文尼亚	45.2	中东欧	59
	斯里兰卡	43.7	南亚	60
	尼泊尔	43.7	南亚	61
	摩尔多瓦	43.2	中东欧	62

经济指数按区域排名

从各区域的排名分布情况来看：中亚及蒙古地区中，蒙古与哈萨克斯坦两国经济环境最佳，分别位列第 3 与第 6，土库曼斯坦、乌兹别克斯坦、吉尔吉斯斯坦以及塔吉克斯坦则分别位列第 13、24、34 及第 52；南亚 7 个国家中仅有印度一国排在前 10 位中，位列第 4，而其余 6 国不丹、马尔代夫、孟加拉国、巴基斯坦、斯里兰卡以及尼泊尔则分别为第 37、42、48、54、60 以及第 61 位；东南亚国家在经济指数上表现较佳，共有 8 个国家排在前 30 位中，它们分别是新加坡（第 5 位）、马来西亚（第 7 位）、印度尼西亚（第 9 位）、文莱（第 18 位）、越南（第 19 位）、泰国（第 22 位）、菲律宾（第 25 位）以及老挝（第 26 位）；西亚北非各国绝大部分国家排名在前 30 位，其中沙特阿拉伯、阿曼以及伊朗分别位列第 1、8 及第 10。中东欧区域国家大部分排在中后位，仅有俄罗斯一国排名在前十位中。

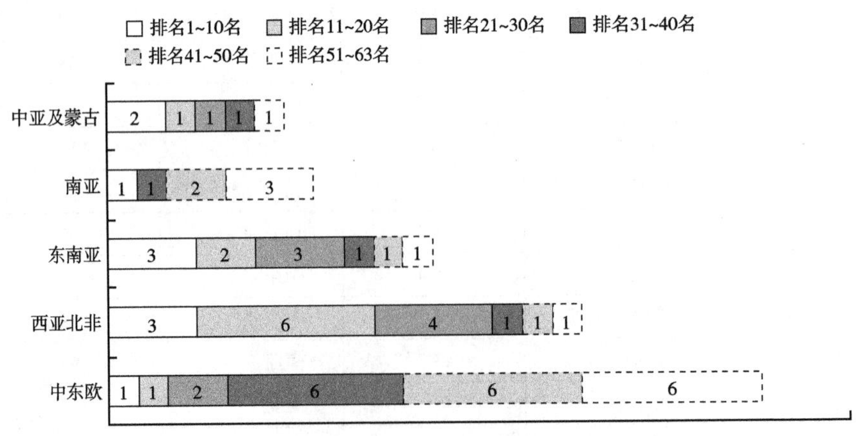

图 6-2 “一带一路”沿线国经济指数排名区域分布情况

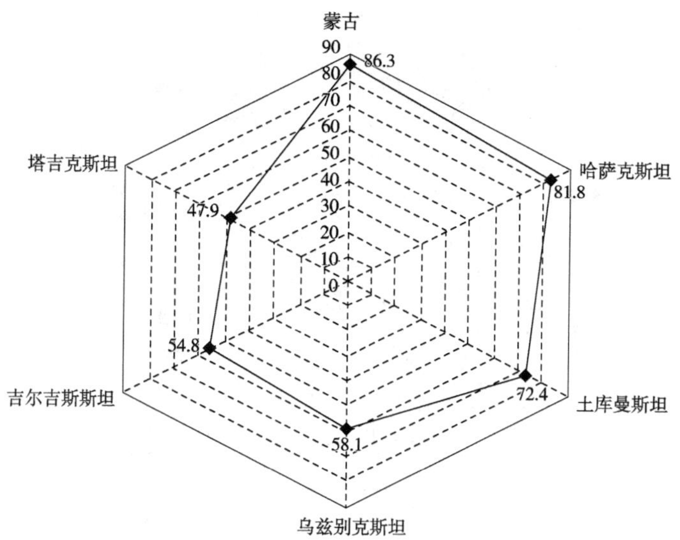

图 6-3 “一带一路”中亚及蒙古国家经济指数排名

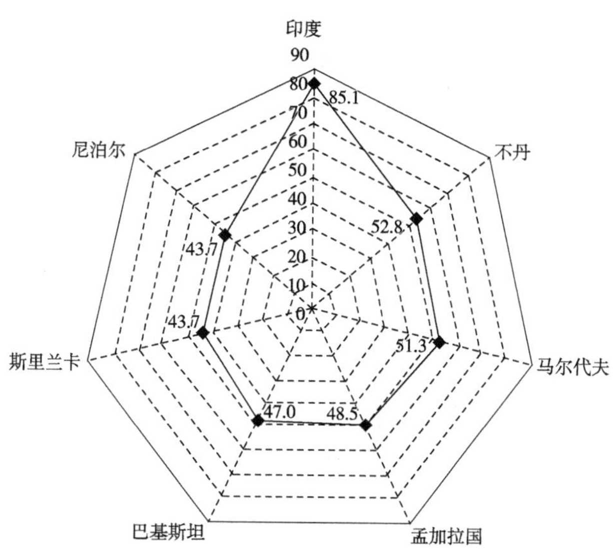

图 6-4 “一带一路”南亚国家经济指数排名

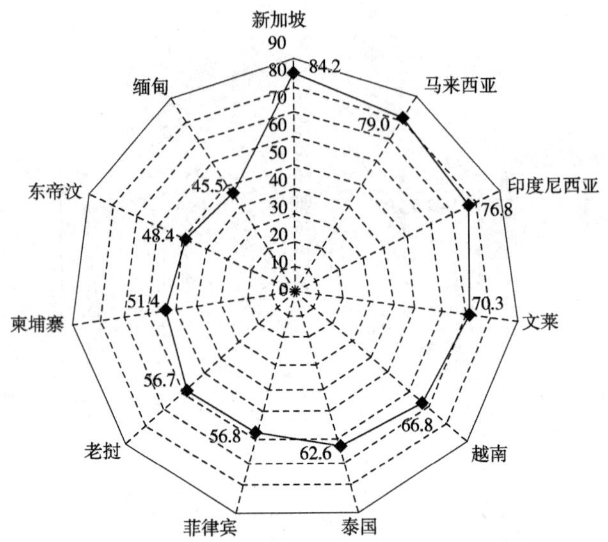

图 6-5 “一带一路”东南亚国家经济指数排名

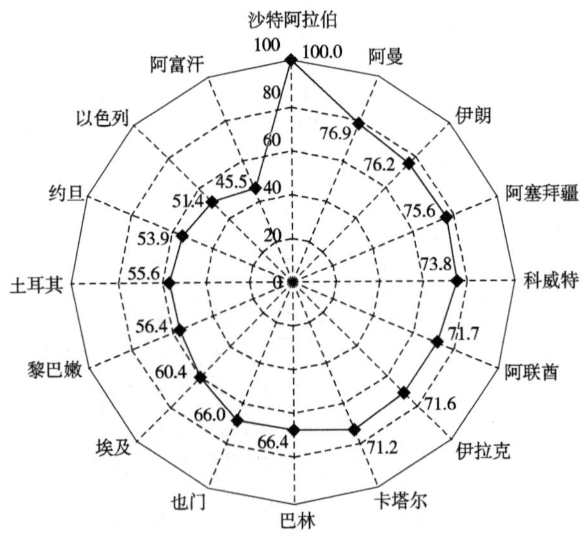

图 6-6 “一带一路”西亚北非国家经济指数排名

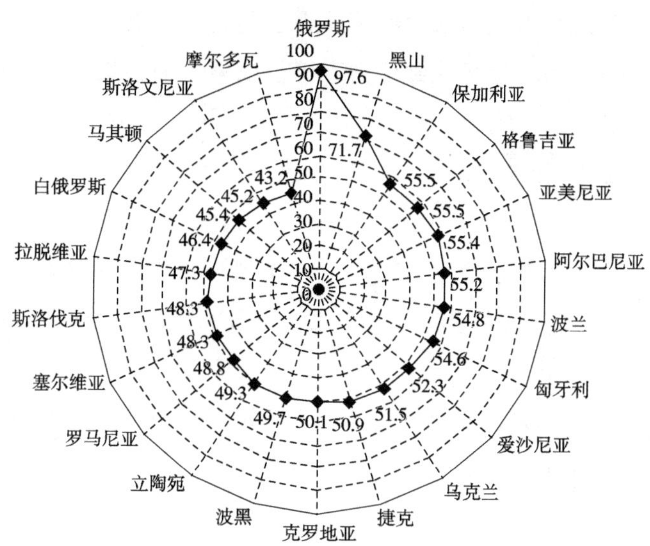

图 6-7 "一带一路"中东欧国家经济指数排名

2014 年相关经济指标的补充说明

2014 年，世界政治经济形势发生新的变化，"一带一路"国家的政经环境亦发生变化，其中部分国家变化较大。在经济指标上，需注意马来西亚、俄罗斯、乌克兰的经济下滑。

马来西亚

世界银行日前发布的《马来西亚经济观察》报告称，因外围环境疲弱及初级产品价格走低，马来西亚出口将放缓，世界银行认为，马来西亚 2015 年经济增长率将比此前预计的 4.9% 低 0.2 个百分点，并预计 2015 年出口增长将从 2014 年的 5.4% 放缓至 4.1%。报告指出，由于中国需求走低，油气领域投资活动放缓，消费税政策也将抑制私人消费，这些都将影响马来西亚经济增速。马来西亚是东南亚第三大经济体，也是石油净出口国。世界银行认为油价走低将使马来西亚经济受到压力，抵消取消燃油补贴增加的收入，不利于政府削减赤字。

同时，自 2014 年 8 月末以来，马来西亚货币林吉特兑美元下跌近 11%，下降幅度为东南亚国家之首，创五年新低。另外，马航事件亦重创作为第六大支柱产业的马来西亚旅游业，2014 年中国去马来西亚旅游的人数预计将减少约 40 万 ~80 万人，以人均花费 1 万元人民币来计算，马来西亚旅游将损失 40 亿 ~80 亿元人民币。

因此，2014 年马来西亚自然资源投资放缓、GDP 增速预期下降、汇率波动幅度大等因素导致其投资吸引力低于 2013 年水平。

俄罗斯

2014 年，俄罗斯一步步陷入经济危机。经济排行榜覆盖的大多项指标均呈下降趋势，包括卢布年内贬值 45% 以及通胀，这将严重打击投资者信心，1998 年金融危机期间外资大量撤离浪潮可能重演。根据俄罗斯央行预测，2014 年俄资本外逃可能达到 900 亿 ~1200 亿美元①。12 月，国际货币基金组织预计俄罗斯 GDP 增速可能仅有 0.02%。同时，原油大宗市场价格大幅度下跌，俄罗斯财政危机加剧（俄财政收入的 25% 为石油收入）。

俄罗斯此次经济危机是西方制裁和其本身过于依赖能源的畸形经济结构的双重结果，难以在短期恢复。更何况，欧佩克已表示不会减产抬高油价，因此，即使西方停止制裁，俄渡过难关亦困难重重。

世界银行于 2014 年 6 月发布的《全球经济展望》中指出，俄罗斯是中东欧及中亚国家最重要的出口市场，也是各国 FDI 的重要投资国。俄罗斯经济受损对区域其他国家具有不利影响。

---

① 中华人民共和国驻乌克兰大使馆经济商务参赞处:《俄罗斯央行预计 2015 年资本外逃将达 1200 亿美元》。

乌克兰

2014 年，乌克兰经济下滑严重，GDP 下跌 7%，对最主要的贸易伙伴——俄罗斯的出口大幅下跌导致大量资本外逃和外汇储备锐减（已跌至 2004 年底水平）。2014 年 4 月至 12 月初，乌克兰已收到国际援助 82 亿美元，但 IMF 预计乌克兰经济恢复还需 150 亿美元的额外援助，否则其有金融崩溃风险①。具体来看，乌克兰零售业、钢铁生产、出口、石油出口等各项指标下滑严重。上述问题影响外资信心。2014 年 1~9 月，乌克兰新增外国直接投资 19.06 亿美元，吸引外资总额较上年同期减少 103.75 亿美元②。

乌克兰原代总理谢尔盖·阿尔布佐夫认为，乌克兰经济还需要至少数年时间才能恢复至 2013 年水平。

① 中华人民共和国驻乌克兰大使馆经济商务参赞处:《国际货币基金组织评估乌克兰 2015 年需要 150 亿美元的援助》。

② 中华人民共和国驻乌克兰大使馆经济商务参赞处:《1~9 月乌克兰吸引外资总额减少 103.75 亿美元》。

第七章 “一带一路”沿线国制度指数排名

制度指数排名

从制度指数的测算结果来看（因子分析法），分数越高的国家，其制度（是否签署双边投资协定、信贷融资便利度、税率与管理以及劳动监管）越完善，越有利于中国直接投资的进入。

分数方面，63 个国家得分区间为 11.9~100.0，均值为 56.3，大于均值的国家共计 34 个。排名方面，制度指数排名前 10 位的国家分别是越南、乌克兰、阿尔巴尼亚、埃及、亚美尼亚、保加利亚、伊朗、以色列、巴基斯坦以及印度尼西亚。而巴林、马尔代夫、阿富汗、东帝汶、伊拉克、文莱以及约旦成为制度指数排名最低的国家。

为了更好地看出国家间制度指数级别，本书对“一带一路”63 个沿线国家的制度指数按照系统聚类“最远邻元素法”进行分级，一共分为 5 个级别。其中，第Ⅰ级别与第Ⅱ级别的差异程度较大，即第Ⅰ级别末位与第Ⅱ级别首位相差 17.6，除此之外，剩余 4 个级别分布并没有呈现明显的阶梯分布，具有一定的连续型分布特征。

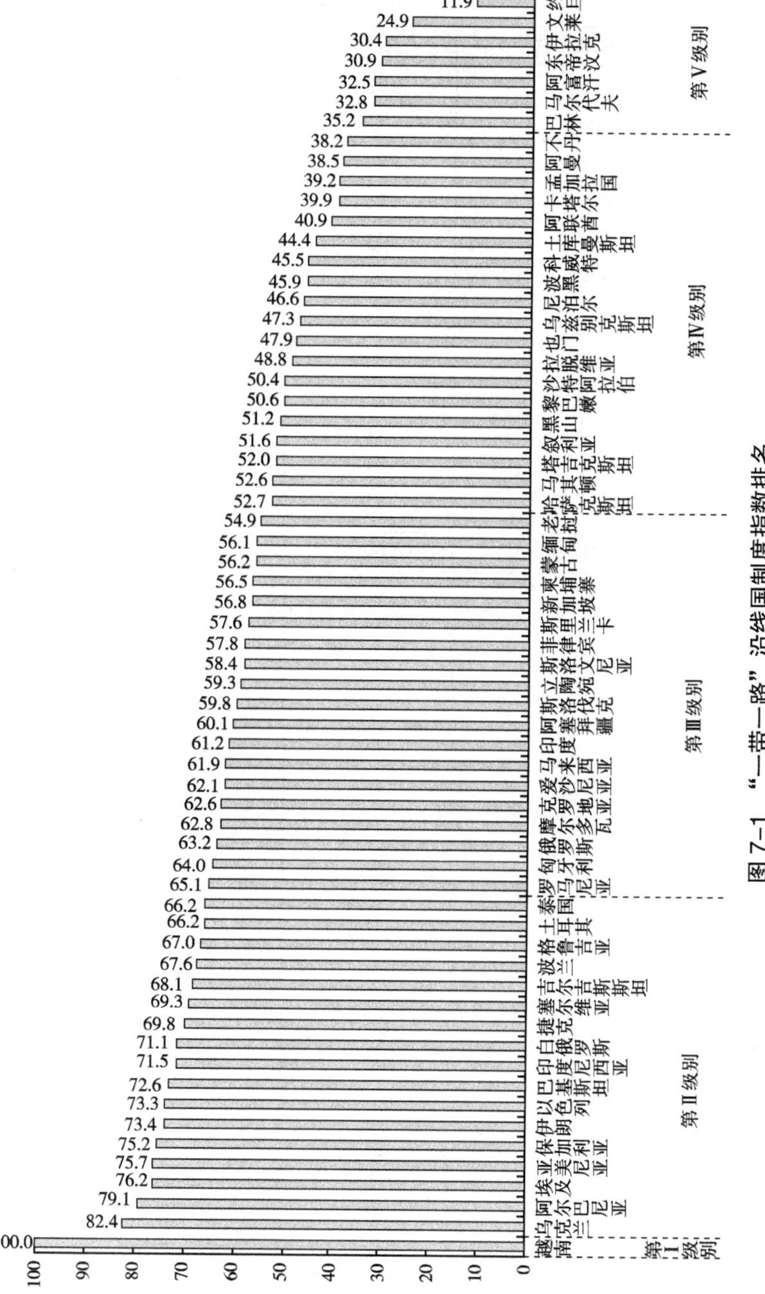

图 7-1 “一带一路”沿线国制度指数排名

表 7-1 “一带一路”沿线国制度指数排名（按级别）

级别	国家名称	分数	区域	排名
第Ⅰ级别	越南	100.0	东南亚	1
第Ⅱ级别	乌克兰	82.4	中东欧	2
	阿尔巴尼亚	79.1	中东欧	3
	埃及	76.2	西亚北非	4
	亚美尼亚	75.7	中东欧	5
	保加利亚	75.2	中东欧	6
	伊朗	73.4	西亚北非	7
	以色列	73.3	西亚北非	8
	巴基斯坦	72.6	南亚	9
	印度尼西亚	71.5	东南亚	10
	白俄罗斯	71.1	中东欧	11
	捷克	69.8	中东欧	12
	塞尔维亚	69.3	中东欧	13
	吉尔吉斯斯坦	68.1	中亚及蒙古	14
	波兰	67.6	中东欧	15
	格鲁吉亚	67.0	中东欧	16
	土耳其	66.2	西亚北非	17
	泰国	66.2	东南亚	18
第Ⅲ级别	罗马尼亚	65.1	中东欧	19
	匈牙利	64.0	中东欧	20
	俄罗斯	63.2	中东欧	21
	摩尔多瓦	62.8	中东欧	22
	克罗地亚	62.6	中东欧	23
	爱沙尼亚	62.1	中东欧	24
	马来西亚	61.9	东南亚	25
	印度	61.2	南亚	26
	阿塞拜疆	60.1	西亚北非	27
	斯洛伐克	59.8	中东欧	28
	立陶宛	59.3	中东欧	29
	斯洛文尼亚	58.4	中东欧	30
	菲律宾	57.8	东南亚	31
	斯里兰卡	57.6	南亚	32

续表

级别	国家名称	分数	区域	排名
第Ⅲ级别	新加坡	56.8	东南亚	33
	柬埔寨	56.5	东南亚	34
	蒙古	56.2	中亚及蒙古	35
	缅甸	56.1	东南亚	36
	老挝	54.9	东南亚	37
第Ⅳ级别	哈萨克斯坦	52.7	中亚及蒙古	38
	马其顿	52.6	中东欧	39
	塔吉克斯坦	52.0	中亚及蒙古	40
	叙利亚	51.6	西亚北非	41
	黑山	51.2	中东欧	42
	黎巴嫩	50.6	西亚北非	43
	沙特阿拉伯	50.4	西亚北非	44
	拉脱维亚	48.8	中东欧	45
	也门	47.9	西亚北非	46
	乌兹别克斯坦	47.3	中亚及蒙古	47
	尼泊尔	46.6	南亚	48
	波黑	45.9	中东欧	49
	科威特	45.5	西亚北非	50
	土库曼斯坦	44.4	中亚及蒙古	51
	阿联酋	40.9	西亚北非	52
	卡塔尔	39.9	西亚北非	53
	孟加拉国	39.2	南亚	54
	阿曼	38.5	西亚北非	55
	不丹	38.2	南亚	56
第Ⅴ级别	巴林	35.2	西亚北非	57
	马尔代夫	32.8	南亚	58
	阿富汗	32.5	西亚北非	59
	东帝汶	30.9	东南亚	60
	伊拉克	30.4	西亚北非	61
	文莱	24.9	东南亚	62
	约旦	11.9	西亚北非	63

制度指数按区域排名

从各区域的排名分布情况来看：中亚及蒙古地区 6 个国家均排在中后位，吉尔吉斯斯坦、蒙古、哈萨克斯坦、塔吉克斯坦、乌兹别克斯坦以及土库曼斯坦分别为第 14、35、38、40、47 以及第 51 位；南亚 7 个国家在各分位上分布较为均匀，巴基斯坦、印度、斯里兰卡、尼泊尔、孟加拉国、不丹以及马尔代夫位列第 9、26、32、48、54、56 以及第 58；东南亚国家主要集中在第 31~40 位，排名前 20 位的东南亚国家为越南（第 1 位）、印度尼西亚（第 10 位）以及泰国（第 18 位），而东帝汶和文莱排名最落后，分别为第 60 位及第 62 位；西亚与北非区域中，大部分国家排名在中后位，仅有埃及（第 4 位）、伊朗（第 7 位）、以色列（第 8 位）以及土耳其（第 17 位）等 4 国在前 20 位国家以内；中东欧国家的制度指数表现明显优于其他 4 个区域，共有 18 个国家排在前 30 位。

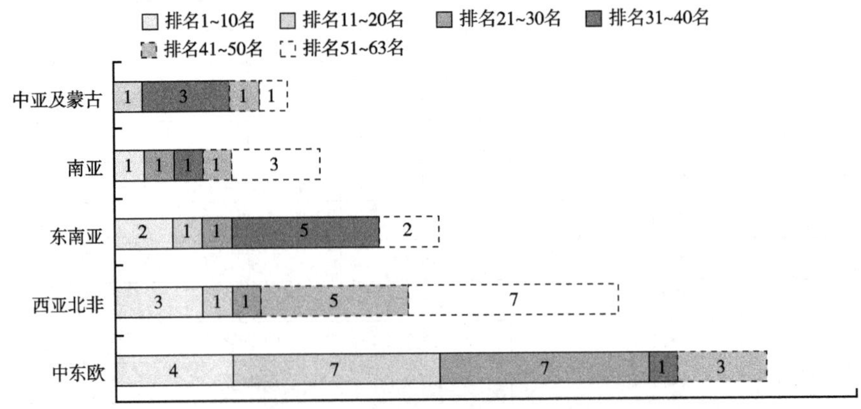

图 7-2 “一带一路”沿线国制度指数排名区域分布情况

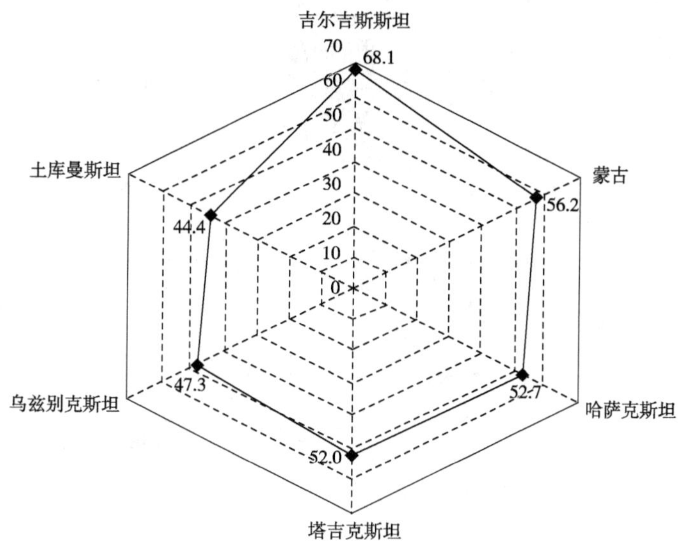

图 7-3　“一带一路”中亚及蒙古国家制度指数排名

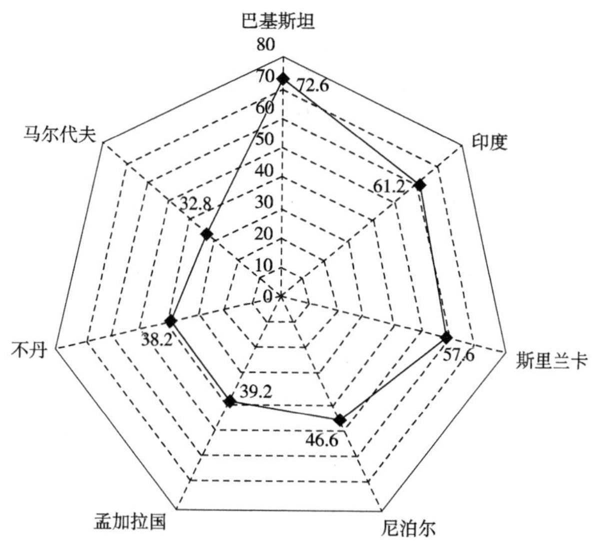

图 7-4　“一带一路”南亚国家制度指数排名

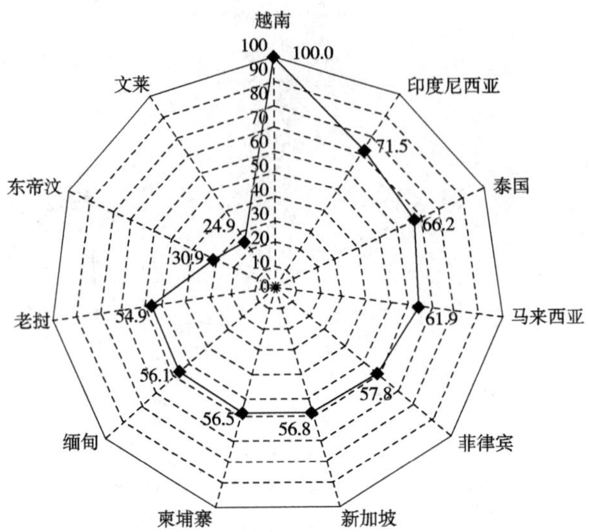

图 7-5 “一带一路”东南亚国家制度指数排名

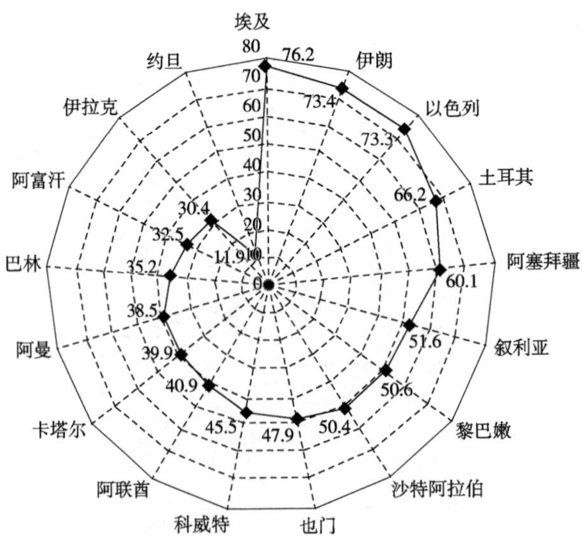

图 7-6 “一带一路”西亚北非国家制度指数排名

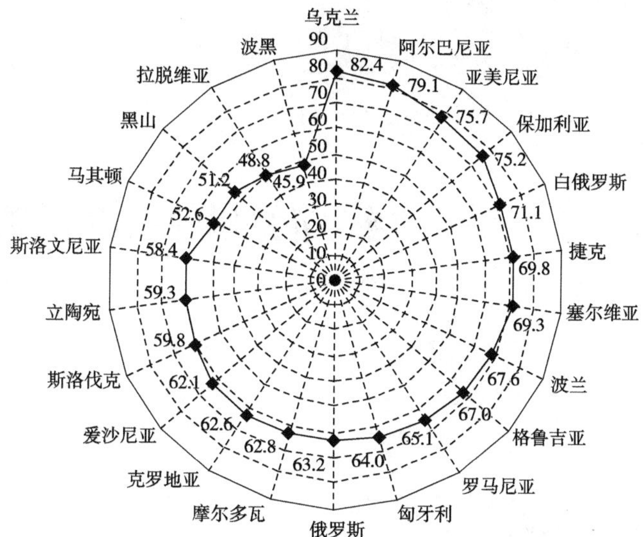

图 7-7 “一带一路”中东欧国家制度指数排名

第八章 “一带一路”沿线国政治指数排名

政治指数排名

从政治指数的测算结果来看（因子分析法），分数越高的国家，其政治环境（政治风险、领导人访问次数、腐败程度、犯罪成本）越有利于中国直接投资的进入。

分数方面，63 个国家得分区间为 27.9~100.0，均值为 65.1，大于均值的国家共计 32 个。排名方面，政治指数排名前 10 位的国家分别是俄罗斯、哈萨克斯坦、新加坡、斯洛文尼亚、阿联酋、波兰、卡塔尔、立陶宛、捷克以及爱沙尼亚。而排名后 10 位的国家则依次为埃及、伊朗、孟加拉国、菲律宾、阿富汗、尼泊尔、伊拉克、黎巴嫩、也门以及巴基斯坦。

为了更好地看出国家间政治指数的差异，本书对“一带一路”63 个沿线国家的政治指数按照系统聚类“最远邻元素法”进行分级，一共分为 5 个级别。级别间差异程度较为明显，第Ⅰ级别末位与第Ⅱ级别首位相差 3.8，第Ⅱ级别末位与第Ⅲ级别首位相差 2.5，第Ⅲ级别末位与第Ⅳ级别首位相差 4.8，第Ⅳ级别末位与第Ⅴ级别首位相差 4.1。

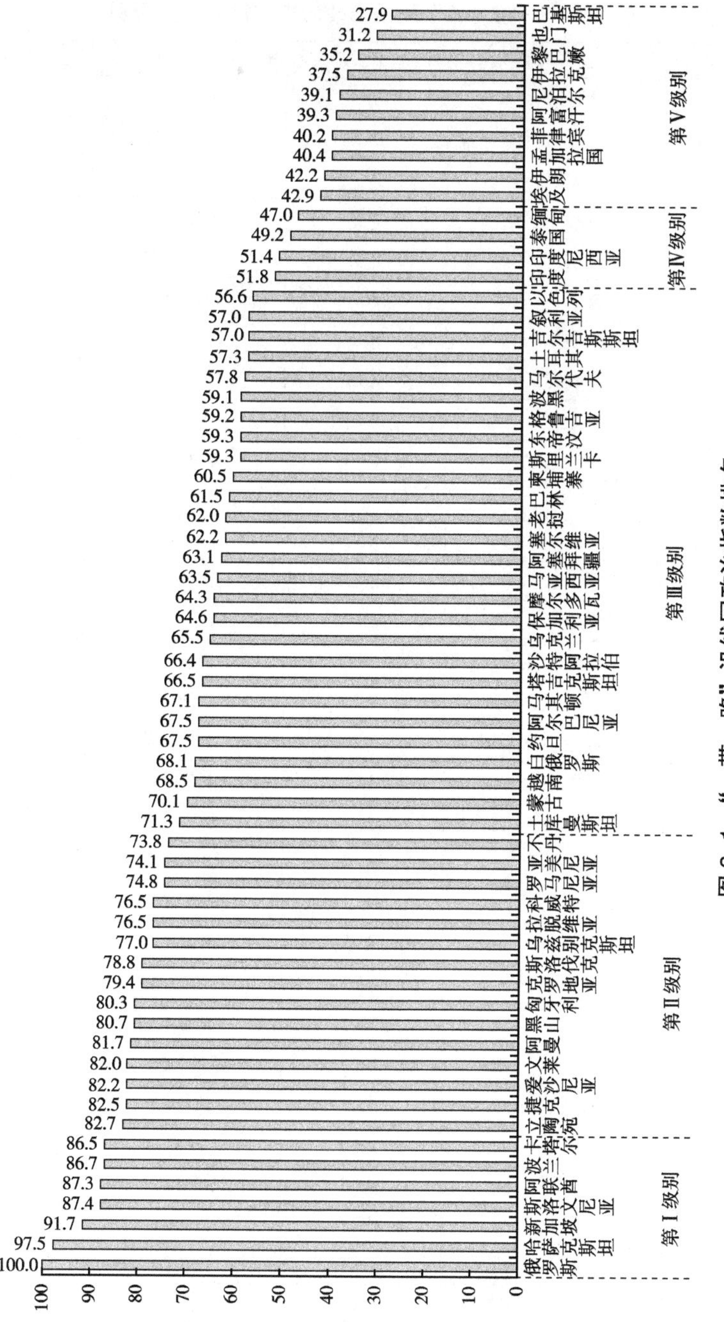

图 8-1 “一带一路”沿线国政治指数排名

表 8-1 “一带一路”沿线国政治指数排名（按级别）

级别	国家名称	分数	区域	排名
第Ⅰ级别	俄罗斯	100.0	中东欧	1
	哈萨克斯坦	97.5	中亚及蒙古	2
	新加坡	91.7	东南亚	3
	斯洛文尼亚	87.4	中东欧	4
	阿联酋	87.3	西亚北非	5
	波兰	86.7	中东欧	6
	卡塔尔	86.5	西亚北非	7
第Ⅱ级别	立陶宛	82.7	中东欧	8
	捷克	82.5	中东欧	9
	爱沙尼亚	82.2	中东欧	10
	文莱	82.0	东南亚	11
	阿曼	81.7	西亚北非	12
	黑山	80.7	中东欧	13
	匈牙利	80.3	中东欧	14
	克罗地亚	79.4	中东欧	15
	斯洛伐克	78.8	中东欧	16
	乌兹别克斯坦	77.0	中亚及蒙古	17
	拉脱维亚	76.5	中东欧	18
	科威特	76.5	西亚北非	19
	罗马尼亚	74.8	中东欧	20
	亚美尼亚	74.1	中东欧	21
	不丹	73.8	南亚	22
第Ⅲ级别	土库曼斯坦	71.3	中亚及蒙古	23
	蒙古	70.1	中亚及蒙古	24
	越南	68.5	东南亚	25
	白俄罗斯	68.1	中东欧	26
	约旦	67.5	西亚北非	27
	阿尔巴尼亚	67.5	中东欧	28
	马其顿	67.1	中东欧	29
	塔吉克斯坦	66.5	中亚及蒙古	30
	沙特阿拉伯	66.4	西亚北非	31

续表

级别	国家名称	分数	区域	排名
第Ⅲ级别	乌克兰	65.5	中东欧	32
	保加利亚	64.6	中东欧	33
	摩尔多瓦	64.3	中东欧	34
	马来西亚	63.5	东南亚	35
	阿塞拜疆	63.1	西亚北非	36
	塞尔维亚	62.2	中东欧	37
	老挝	62.0	东南亚	38
	巴林	61.5	西亚北非	39
	柬埔寨	60.5	东南亚	40
	斯里兰卡	59.3	南亚	41
	东帝汶	59.3	东南亚	42
	格鲁吉亚	59.2	中东欧	43
	波黑	59.1	中东欧	44
	马尔代夫	57.8	南亚	45
	土耳其	57.3	西亚北非	46
	吉尔吉斯斯坦	57.0	中亚及蒙古	47
	叙利亚	57.0	西亚北非	48
	以色列	56.6	西亚北非	49
第Ⅳ级别	印度	51.8	南亚	50
	印度尼西亚	51.4	东南亚	51
	泰国	49.2	东南亚	52
	缅甸	47.0	东南亚	53
第Ⅴ级别	埃及	42.9	西亚北非	54
	伊朗	42.2	西亚北非	55
	孟加拉国	40.4	南亚	56
	菲律宾	40.2	东南亚	57
	阿富汗	39.3	西亚北非	58
	尼泊尔	39.1	南亚	59
	伊拉克	37.5	西亚北非	60
	黎巴嫩	35.2	西亚北非	61
	也门	31.2	西亚北非	62
	巴基斯坦	27.9	南亚	63

政治指数按区域排名

从各区域的排名分布情况来看：中亚及蒙古地区中，哈萨克斯坦政治环境最佳，排名第2位，其次是乌兹别克斯坦（第17位），土库曼斯坦、蒙古、塔吉克斯坦以及吉尔吉斯斯坦则分别位列第23、24、30以及第47；南亚7个国家仅有不丹排在前30位中，其余6国斯里兰卡、马尔代夫、印度、孟加拉国、尼泊尔以及巴基斯坦则分别为第41、45、50、56、59以及第63位；东南亚国家除了新加坡、文莱、越南3国排在前30位之外，其余8国集中在中后位；西亚与北非区域中，大部分国家排名在中后位，仅有阿联酋（第5位）、卡塔尔（第7位）、阿曼（第12位）、科威特（第19位）以及约旦（第27位）5国在前30位国家中；中东欧区域所有国家均排在前50位中，其中超过半数的国家排在前20位，它们分别是俄罗斯（第1位）、斯洛文尼亚（第4位）、波兰（第6位）、立陶宛（第8位）、捷克（第9位）、爱沙尼亚（第10位）、黑山（第13位）、匈牙利（第14位）、克罗地亚（第15位）、斯洛伐克（第16位）、拉脱维亚（第18位）以及罗马尼亚（第20位）。

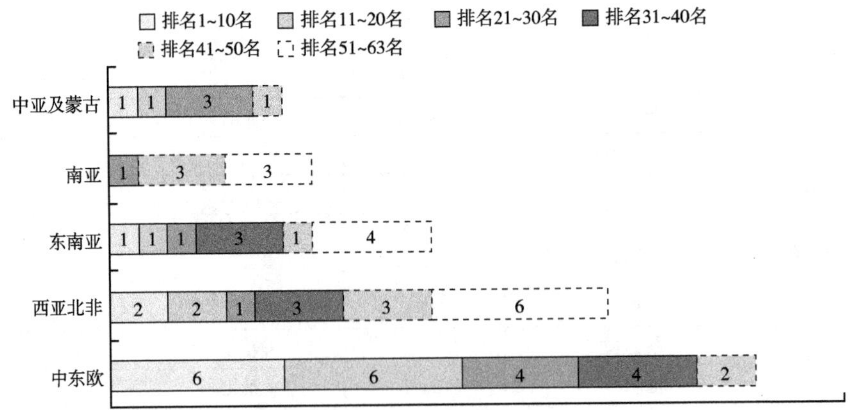

图8-2 “一带一路”沿线国政治指数排名区域分布情况

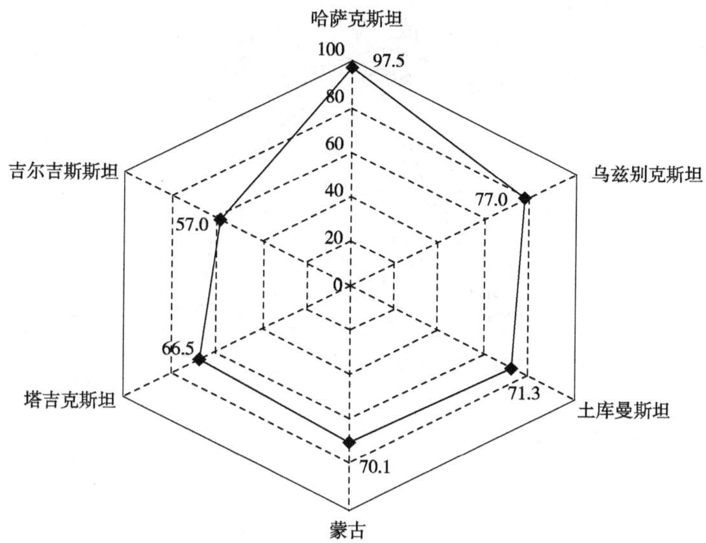

图 8-3 “一带一路”中亚及蒙古国家政治指数排名

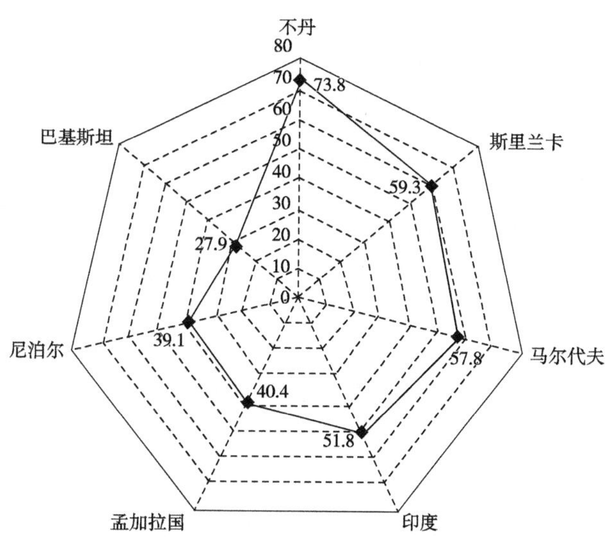

图 8-4 “一带一路”南亚国家政治指数排名

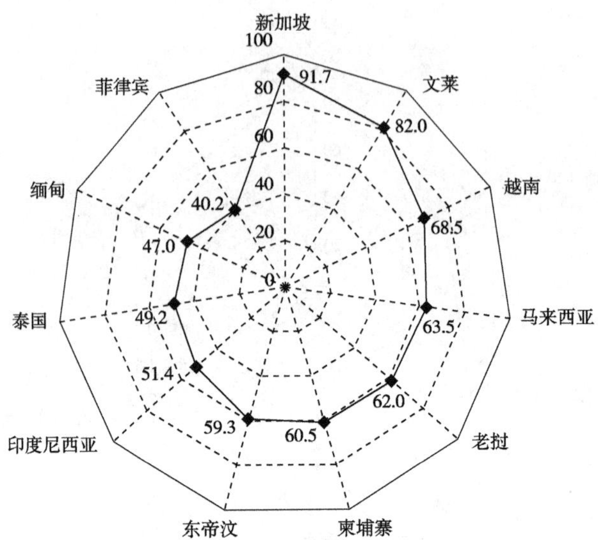

图 8-5 “一带一路”东南亚国家政治指数排名

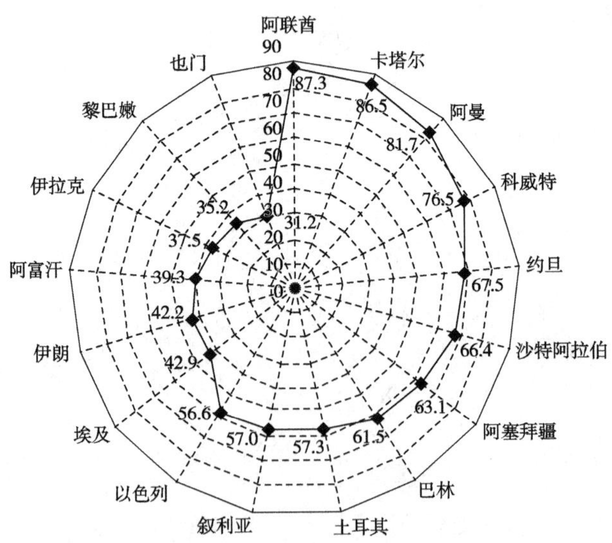

图 8-6 “一带一路”西亚北非国家政治指数排名

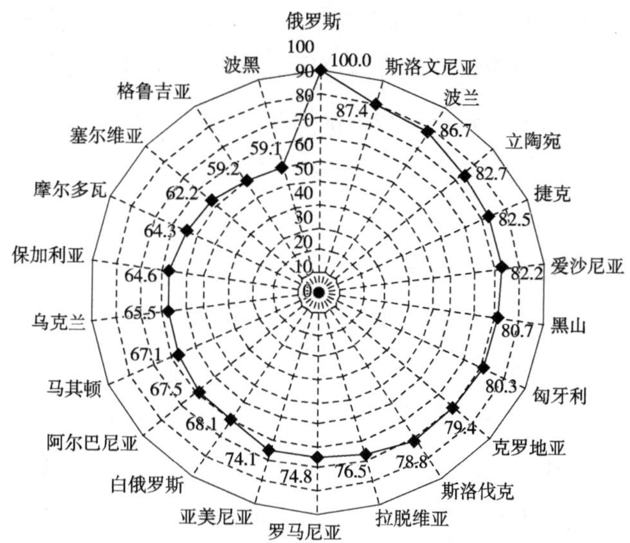

图 8-7 “一带一路”中东欧国家政治指数排名

2014 年相关政治指标的补充说明

2014 年，世界政治经济形势发生新的变化，“一带一路”国家的政经环境亦发生变化，其中，部分国家变化较大。在政治指标上，需注意俄罗斯与乌克兰的政治危机、中越关系恶化等事件导致的俄罗斯、乌克兰与越南排名的下行调整。

俄罗斯与乌克兰危机

2013 年 11 月 21 日，乌克兰总统亚努科维奇的内阁突然宣布暂停加入欧盟，转而与俄罗斯加强经贸联系。当晚几百名乌克兰民众开始聚集抗议。随后事件不断发酵，2014 年 2 月 22 日，亚努科维奇被议会罢免其总统职务，并宣布提前于同年 5 月 25 日举行总统大选。2014 年 3 月，俄罗斯支持克里米亚独立，2014 年 5 月 26 日乌克兰亲西方的新任总统波罗申科上台，2014 年 10 月议会选举，波罗申科的政党取得胜利。乌克兰国内政局不断向亲欧方向变化，俄罗斯总统普京的态度却越来越坚决。迄今为止，俄乌双方关系仍处于白热化阶段。怡安集团最新的政治风险地图认为乌克兰在 2015 年政治风险将处于最高位。而由于俄罗斯近期陷入经济危机，通胀严重，社会矛盾加速，2015 年政治及社会风险或亦高企。

越南

2014 年 5 月，在南海拥有争议海域的中越两国因“981”钻井平台事件爆发海上争端，随后，该事件引爆越南排华运动，打砸抢烧中方企业，包括中国台湾和中国香港地区在内的一些中国企业和人员以及新加坡、韩国等企业遭到不同程度的冲击，造成生命和财产损失。随后，越南在国际平台上大肆宣扬中国军队“占领”南海，破坏中国国家形象，中越关系下降到 1974 年西沙海战以来的冰点。中越关系恶化降低中国投资者信心。相应地，越南在排行榜中的地位也应向下行调整。

第九章 “一带一路”投资价值总排行

“一带一路”投资排行

从综合指数的测算结果来看（模糊层次分析法），分数越高的国家，其综合条件越有利于中国直接投资的进入。

分数方面，63 个国家得分区间为 35.3~100.0，均值为 71.6，大于均值的国家共计 38 个。排名方面，综合指数排名前 10 位的国家分别新加坡、俄罗斯、哈萨克斯坦、沙特阿拉伯、越南、阿联酋、马来西亚、波兰、黑山以及卡塔尔。排名后 10 位的国家则依次为伊拉克、约旦、东帝汶、缅甸、尼泊尔、巴基斯坦、孟加拉国、叙利亚、阿富汗以及也门。

为了更好地看出国家间综合指数的差异，本书对“一带一路”63 个沿线国家的综合指数按照系统聚类“最远邻元素法”进行分级，一共分为 5 个级别，除了第Ⅰ、第Ⅱ级别与第Ⅳ、第Ⅴ级别间的差异较为明显，第Ⅱ、第Ⅲ、第Ⅳ级别间分布较为连续，未呈现明显的阶梯状分布。

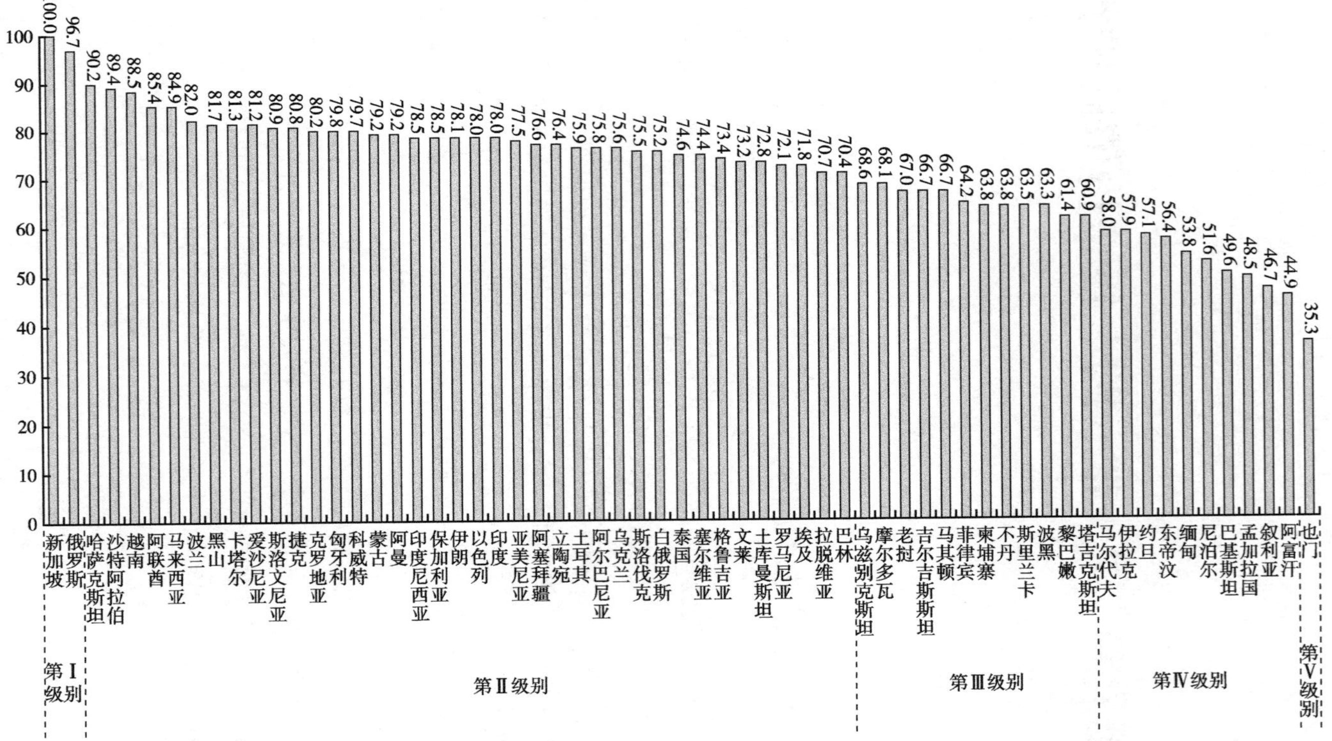

级别	国家	数值
第Ⅰ级别	新加坡	100.0
第Ⅰ级别	俄罗斯	96.7
第Ⅱ级别	哈萨克斯坦	90.2
第Ⅱ级别	沙特阿拉伯	89.4
第Ⅱ级别	越南	88.5
第Ⅱ级别	阿联酋	85.4
第Ⅱ级别	马来西亚	84.9
第Ⅱ级别	波兰	82.0
第Ⅱ级别	黑山	81.7
第Ⅱ级别	卡塔尔	81.3
第Ⅱ级别	爱沙尼亚	81.2
第Ⅱ级别	斯洛文尼亚	80.9
第Ⅱ级别	捷克	80.8
第Ⅱ级别	克罗地亚	80.2
第Ⅱ级别	匈牙利	79.8
第Ⅱ级别	科威特	79.7
第Ⅱ级别	蒙古	79.2
第Ⅱ级别	阿曼	79.2
第Ⅱ级别	印度尼西亚	78.5
第Ⅱ级别	保加利亚	78.5
第Ⅱ级别	伊朗	78.1
第Ⅱ级别	以色列	78.0
第Ⅱ级别	印度	78.0
第Ⅱ级别	亚美尼亚	77.5
第Ⅱ级别	阿塞拜疆	76.6
第Ⅱ级别	立陶宛	76.4
第Ⅱ级别	土耳其	75.9
第Ⅱ级别	阿尔巴尼亚	75.8
第Ⅱ级别	乌克兰	75.6
第Ⅱ级别	斯洛伐克	75.5
第Ⅱ级别	白俄罗斯	75.2
第Ⅱ级别	泰国	74.6
第Ⅱ级别	塞尔维亚	74.4
第Ⅱ级别	格鲁吉亚	73.4
第Ⅱ级别	文莱	73.2
第Ⅱ级别	土库曼斯坦	72.8
第Ⅱ级别	罗马尼亚	72.1
第Ⅱ级别	埃及	71.8
第Ⅱ级别	拉脱维亚	70.7
第Ⅱ级别	巴林	70.4
第Ⅲ级别	乌兹别克斯坦	68.6
第Ⅲ级别	摩尔多瓦	68.1
第Ⅲ级别	老挝	67.0
第Ⅲ级别	吉尔吉斯斯坦	66.7
第Ⅲ级别	马其顿	66.7
第Ⅲ级别	菲律宾	64.2
第Ⅲ级别	柬埔寨	63.8
第Ⅲ级别	不丹	63.8
第Ⅲ级别	斯里兰卡	63.5
第Ⅲ级别	波黑	63.3
第Ⅲ级别	黎巴嫩	61.4
第Ⅲ级别	塔吉克斯坦	60.9
第Ⅳ级别	马尔代夫	58.0
第Ⅳ级别	伊拉克	57.9
第Ⅳ级别	约旦	57.1
第Ⅳ级别	东帝汶	56.4
第Ⅳ级别	缅甸	53.8
第Ⅳ级别	尼泊尔	51.6
第Ⅳ级别	巴基斯坦	49.6
第Ⅳ级别	孟加拉国	48.5
第Ⅳ级别	叙利亚	46.7
第Ⅳ级别	阿富汗	44.9
第Ⅴ级别	也门	35.3

图 9-1 “一带一路”投资排行

表 9–1 "一带一路"沿线国综合分数及分项指数排名

级别	国家名称	总分数		基础设施指标		经济指标		制度指标		政治指标	
		得分	排名	得分	排名	得分	排名	得分	排名	得分	排名
第Ⅰ级别	新加坡	100.0	1	100.0	1	84.2	5	56.8	33	91.7	3
	俄罗斯	96.7	2	48.1	46	97.6	2	63.2	21	100.0	1
第Ⅱ级别	哈萨克斯坦	90.2	3	61.2	28	81.8	6	52.7	38	97.5	2
	沙特阿拉伯	89.4	4	72.2	9	100.0	1	50.4	44	66.4	31
	越南	88.5	5	53.7	38	66.8	19	100.0	1	68.5	25
	阿联酋	85.4	6	83.7	2	71.7	14	40.9	52	87.3	5
	马来西亚	84.9	7	74.4	8	79.0	7	61.9	25	63.5	35
	波兰	82.0	8	62.5	24	54.8	33	67.6	15	86.7	6
	黑山	81.7	9	63.8	20	71.7	15	51.2	42	80.7	13
	卡塔尔	81.3	10	69.9	10	71.2	17	39.9	53	86.5	7
	爱沙尼亚	81.2	11	75.5	6	52.3	38	62.1	24	82.2	10
	斯洛文尼亚	80.9	12	83.5	3	45.2	59	58.4	30	87.4	4
	捷克	80.8	13	66.0	16	50.9	43	69.8	12	82.5	9
	克罗地亚	80.2	14	77.6	5	50.1	44	62.6	23	79.4	15
	匈牙利	79.8	15	66.5	14	54.6	35	64.0	20	80.3	14
	科威特	79.7	16	65.0	19	73.8	12	45.5	50	76.5	19
	蒙古	79.2	17	38.8	58	86.3	3	56.2	35	70.1	24
	阿曼	79.2	18	60.5	29	76.9	8	38.5	55	81.7	12
	印度尼西亚	78.5	19	54.6	37	76.8	9	71.5	10	51.4	51
	保加利亚	78.5	20	65.2	18	55.5	29	75.2	6	64.6	33
	伊朗	78.1	21	63.0	23	76.2	10	73.4	7	42.2	55
	以色列	78.0	22	81.9	4	51.4	41	73.3	8	56.6	49
	印度	78.0	23	52.2	39	85.1	4	61.2	26	51.8	50
	亚美尼亚	77.5	24	48.9	43	55.4	31	75.7	5	74.1	21
	阿塞拜疆	76.6	25	48.3	45	75.6	11	60.1	27	63.1	36
	立陶宛	76.4	26	63.2	22	49.3	46	59.3	29	82.7	8
	土耳其	75.9	27	74.7	7	55.6	28	66.2	17	57.3	46
	阿尔巴尼亚	75.8	28	46.4	49	55.2	32	79.1	3	67.5	28
	乌克兰	75.6	29	49.4	41	51.5	39	82.4	2	65.5	32
	斯洛伐克	75.5	30	65.5	17	48.3	51	59.8	28	78.8	16

续表

级别	国家名称	总分数		基础设施指标		经济指标		制度指标		政治指标	
		得分	排名	得分	排名	得分	排名	得分	排名	得分	排名
第Ⅱ级别	白俄罗斯	75.2	31	66.1	15	46.4	55	71.1	11	68.1	26
	泰国	74.6	32	69.1	13	62.6	22	66.2	18	49.2	52
	塞尔维亚	74.4	33	69.7	11	48.3	50	69.3	13	62.2	37
	格鲁吉亚	73.4	34	61.5	26	55.5	30	67.0	16	59.2	43
	文莱	73.2	35	62.2	25	70.3	18	24.9	62	82.0	11
	土库曼斯坦	72.8	36	46.6	48	72.4	13	44.4	51	71.3	23
	罗马尼亚	72.1	37	49.1	42	48.8	47	65.1	19	74.8	20
	埃及	71.8	38	56.1	34	60.4	23	76.2	4	42.9	54
	拉脱维亚	70.7	39	63.5	21	47.3	53	48.8	45	76.5	18
	巴林	70.4	40	69.5	12	66.4	20	35.2	57	61.5	39
第Ⅲ级别	乌兹别克斯坦	68.6	41	40.0	56	58.1	24	47.3	47	77.0	17
	摩尔多瓦	68.1	42	56.9	30	43.2	62	62.8	22	64.3	34
	老挝	67.0	43	44.7	52	56.7	26	54.9	37	62.0	38
	吉尔吉斯斯坦	66.7	44	36.4	59	54.8	34	68.1	14	57.0	47
	马其顿	66.7	45	56.8	32	45.4	58	52.6	39	67.1	29
	菲律宾	64.2	46	56.8	31	56.8	25	57.8	31	40.2	57
	柬埔寨	63.8	47	39.5	57	51.4	40	56.5	34	60.5	40
	不丹	63.8	48	43.5	53	52.8	37	38.2	56	73.8	22
	斯里兰卡	63.5	49	49.7	40	43.7	60	57.6	32	59.3	41
	波黑	63.3	50	54.8	36	49.7	45	45.9	49	59.1	44
	黎巴嫩	61.4	51	61.3	27	56.4	27	50.6	43	35.2	61
	塔吉克斯坦	60.9	52	31.0	60	47.9	52	52.0	40	66.5	30
第Ⅳ级别	马尔代夫	58.0	53	48.6	44	51.3	42	32.8	58	57.8	45
	伊拉克	57.9	54	46.1	50	71.6	16	30.4	61	37.5	60
	约旦	57.1	55	55.1	35	53.9	36	11.9	63	67.5	27
	东帝汶	56.4	56	47.2	47	48.4	49	30.9	60	59.3	42
	缅甸	53.8	57	24.5	63	45.5	57	56.1	36	47.0	53
	尼泊尔	51.6	58	40.1	55	43.7	61	46.6	48	39.1	59
	巴基斯坦	49.6	59	43.0	54	47.0	54	72.6	9	27.9	63
	孟加拉国	48.5	60	27.5	61	48.5	48	39.2	54	40.4	56
	叙利亚	46.7	61	56.6	33	n/a	n/a	51.6	41	57.0	48
	阿富汗	44.9	62	27.0	62	45.5	56	32.5	59	39.3	58
第Ⅴ级别	也门	35.3	63	45.1	51	66	21	47.9	46	31.2	62

综合指数按区域排名

从各区域的排名分布情况来看：中亚及蒙古地区各国排布较为均匀，哈萨克斯坦、蒙古、土库曼斯坦、乌兹别克斯坦、吉尔吉斯斯坦以及塔吉克斯坦依次位列第 3、17、36、41、44 及第 52；南亚 7 个国家中除了印度排在第 23 位外，其余 6 国均排在后 20 位；东南亚国家排布较为均匀，新加坡、越南以及马来西亚分别位列第 1、5 及第 7，印度尼西亚、泰国、文莱、老挝、菲律宾、柬埔寨、东帝汶以及缅甸则分别排在第 19、32、35、43、46、47、56 及第 57 位；西亚北非区域中有 9 国排在前 30 位，而其余 8 个国家排在中后位，其中沙特阿拉伯、阿联酋以及卡塔尔分别排在第 4、6 及第 10 位；中东欧区域国家排布也较为均匀，其中俄罗斯表现最佳，位列第 2，而波兰、黑山、爱沙尼亚、斯洛文尼亚、捷克、克罗地亚、匈牙利以及保加利亚则分别为第 8、9、11、12、13、14、15 及第 20 位。

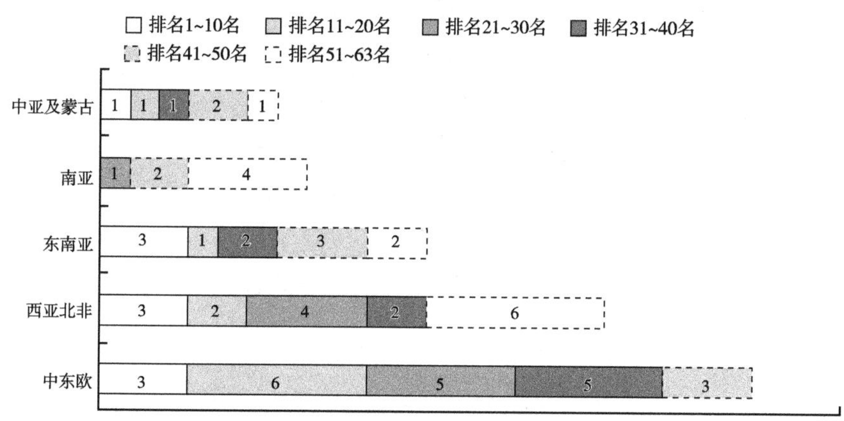

图 9-2 “一带一路”沿线国综合指数排名区域分布情况

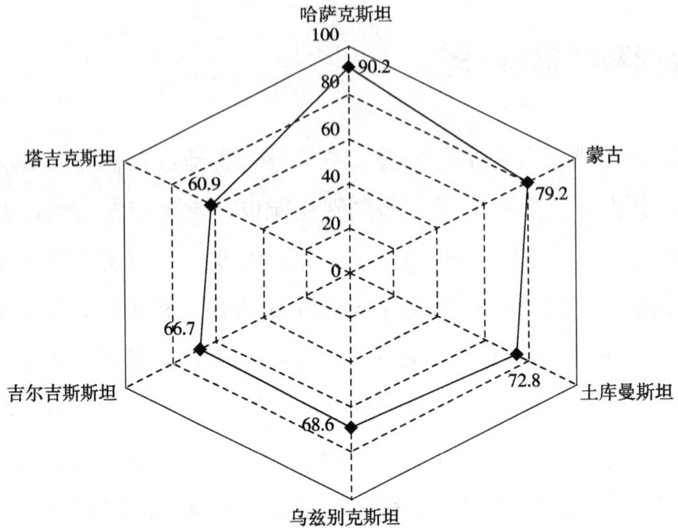

图 9-3 “一带一路”中亚及蒙古国家综合指数排名

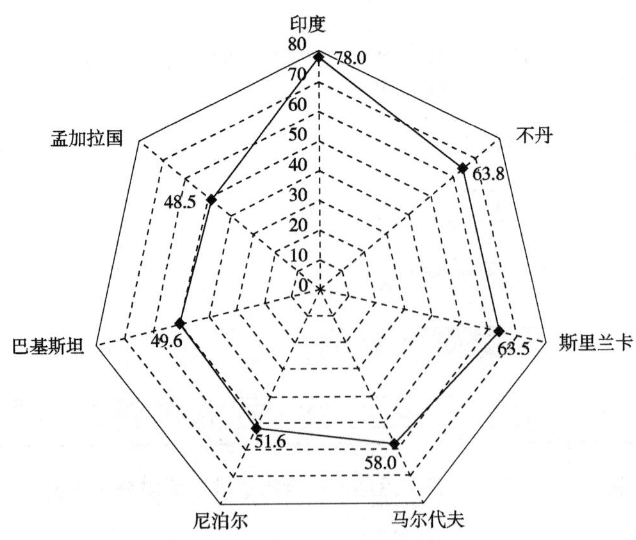

图 9-4 “一带一路”南亚国家综合指数排名

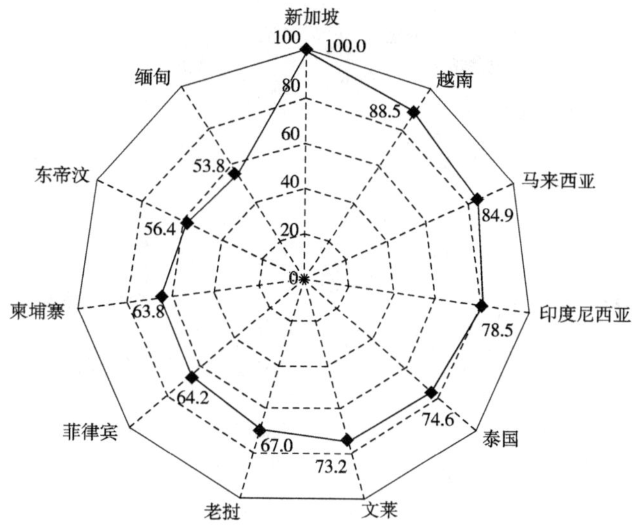

图 9-5 "一带一路"东南亚国家综合指数排名

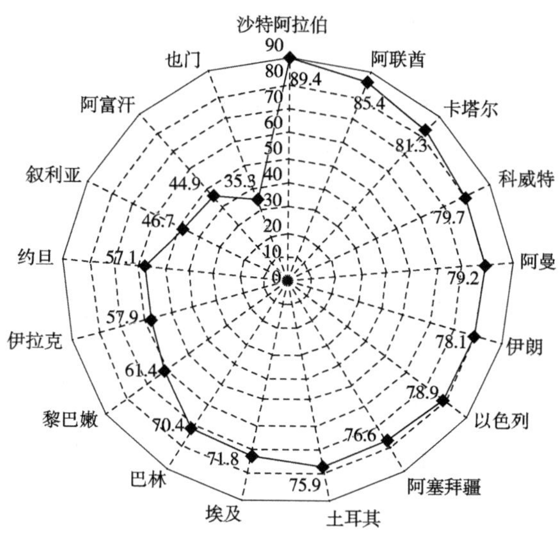

图 9-6 "一带一路"西亚北非国家综合指数排名

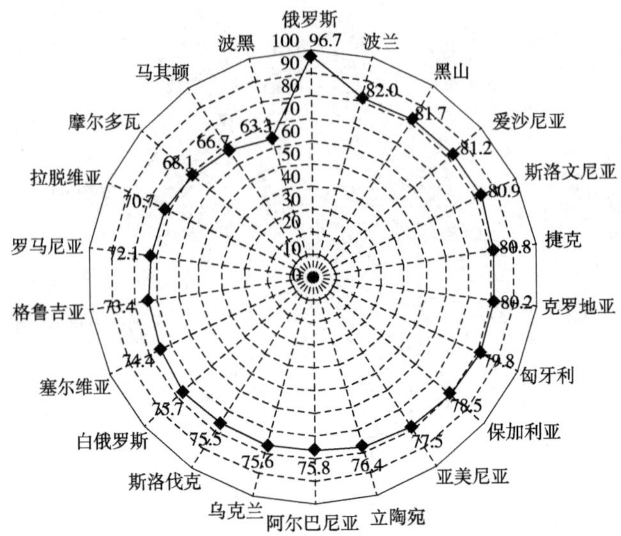

图 9-7 “一带一路”中东欧国家综合指数排名

投资潜力型国家分析

将国观智库“一带一路”国别投资价值排行榜前 20 位与 2013 年底中国对“一带一路”各国投资存量 2 亿元以上国家相比对可以发现，部分国家尽管投资环境较好，但中国直接投资却相对不足。通过总排行榜可以看出有部分国家在吸引中国直接投资上具有较大潜力，这些国家为黑山（总分数 81.7、排名第 9 位、中国投资 32 万美元）、斯洛文尼亚（总分数 80.9、排名第 12 位、中国投资 500 万美元）、克罗地亚（总分数 80.2、排名第 14 位、中国投资 831 万美元）、科威特（总分数 79.7、排名第 16 位、中国投资 8939 万美元）与阿曼（总分数 79.2、排名第 18 位、中国投资 1.75 亿美元）。下文将对这些国家情况做详细分析。

黑山在排行榜总分数为81.7分，排名第9位。在四个分项指标中，政治指标与经济指标得分较高，制度指标得分最低。根据黑山央行的统计，截至2011年，黑山吸收外资存量来源国依次为俄罗斯（占总量的20.67%）、意大利（11.75%）、塞浦路斯（6.79%）、卢森堡（6.52%）、波兰（6.36%）。德国、奥地利、加拿大、捷克、以色列、中国、美国、西班牙、土耳其、挪威和阿联酋的直接投资总量加总为9.34%。

表 9-2 黑山总分数及各分项指标分数

国家名称	总分数		基础设施指标		经济指标		制度指标		政治指标	
	得分	排名	得分	排名	得分	排名	得分	排名	得分	排名
黑山	81.7	9	63.8	20	71.7	15	51.2	42	80.7	13

在基础设施水平中，黑山各指标水平均较高，其中，电力普及程度最高。

黑山经济指标排名靠前，尽管其GDP水平很低，但其吸引FDI占GDP的比重相对较高，对外开放程度高，自然资源出口也较多，汇率相对稳定，对中国而言，黑山具有投资潜力。

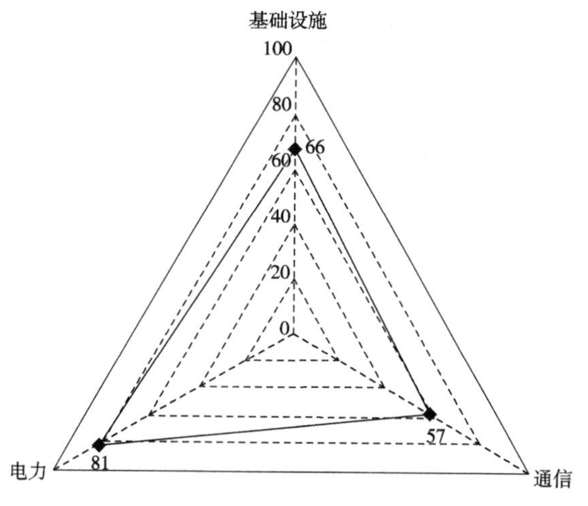

图 9-8 黑山基础设施水平

在政治指标方面，黑山整体表现较强，但中国与黑山领导人互访指数水平较低，低于塞尔维亚、马其顿、阿塞拜疆、波兰、斯洛文尼亚、立陶宛等中东欧国家。中国与黑山领导人互访次数提升将有效提高黑山的投资吸引力。

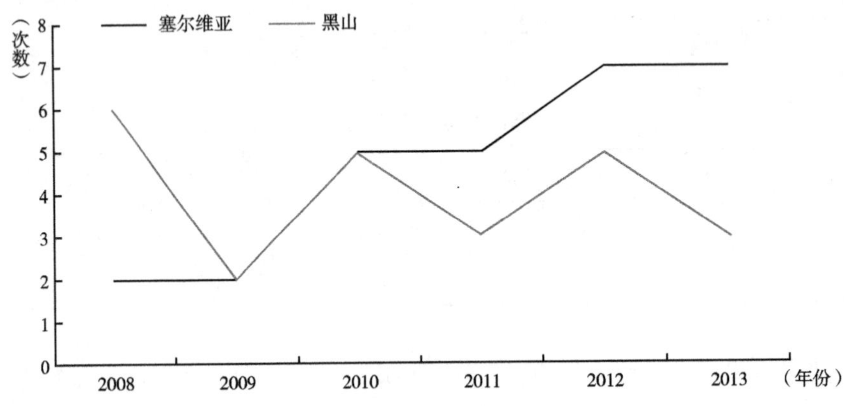

图 9-9 中国与塞尔维亚及中国与黑山领导人互访次数

资料来源：中国外交部

斯洛文尼亚在排行榜总分数为 80.9 分，排名第 12 位。在四个分项指标中，斯洛文尼亚基础设施与政治指标得分很高，经济指标得分最低。斯洛文尼亚的主要投资国包括奥地利、德国、美国、瑞士以及斯洛伐克。很多投资企业为世界 500 强企业或国际知名大型集团，如美国微软和 IBM 公司、德国汉高和西门子公司、美国联信集团等。服务业公司包括 DHL 快递公司、德勤会计师事务所、美国 AC 尼尔森公司及安永会计师事务所等。

表 9-3 斯洛文尼亚总分数及各分项指标分数

国家名称	总分数		基础设施指标		经济指标		制度指标		政治指标	
	得分	排名	得分	排名	得分	排名	得分	排名	得分	排名
斯洛文尼亚	80.9	12	83.5	3	45.2	59	58.4	30	87.4	4

斯洛文尼亚基础设施水平在“一带一路”国家中名列前茅，交通运输网络覆盖全国，公路密度高于欧盟平均水平，港口设施投入不断加大。目前，斯洛文尼亚已成为欧洲重要的交通枢纽之一。在通信方面，斯洛文尼亚通信设施完善，互联网普及广泛。76% 的家庭有互联网接口；10~74 岁居民中，40% 使用移动电话、便携电脑、平板电脑等设备上网；96% 的企业使用计算机，60% 有公司网页。

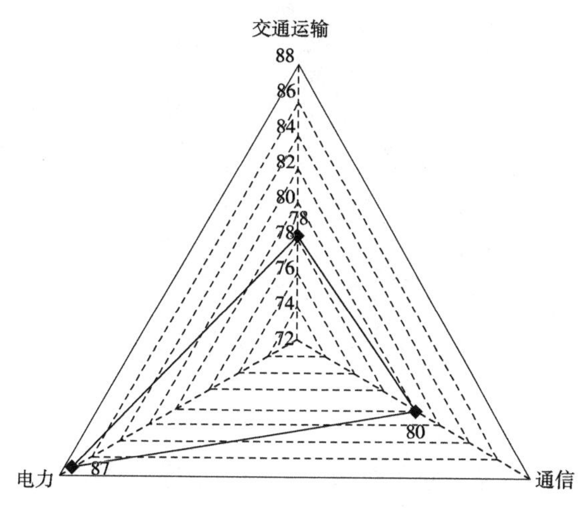

图 9–10 斯洛文尼亚基础设施水平

表 9–4 2012 年斯洛文尼亚与欧盟和美国电信消费水平比较

每 1000 名居民	斯洛文尼亚	欧盟 15 个成员国	美国
拥有个人电脑数量	533	716.6	899
互联网用户数量	708	730.1	797
移动电话用户数量	1020	1257.3	864

资料来源：斯洛文尼亚宏观经济研究院

在制度方面，斯洛文尼亚主要面临的问题是官僚主义作风严重，如劳工监管严格、税赋较重、纳税程序复杂等。有外国投资者认为，这是斯洛文尼亚近年外资流入下降的原因，如 2013 年，斯洛文尼亚吸收外资流量为负值。在经济方面，由于斯洛文尼亚外向型的经济特点且经济规模较小，受世界经济和欧洲经济影响大，因此 2013 年，斯洛文尼亚经济仍处于恢复期。但总体来看，斯洛文尼亚基础设施和政治指标表现突出，对中国投资者来说仍具有较大的吸引力。

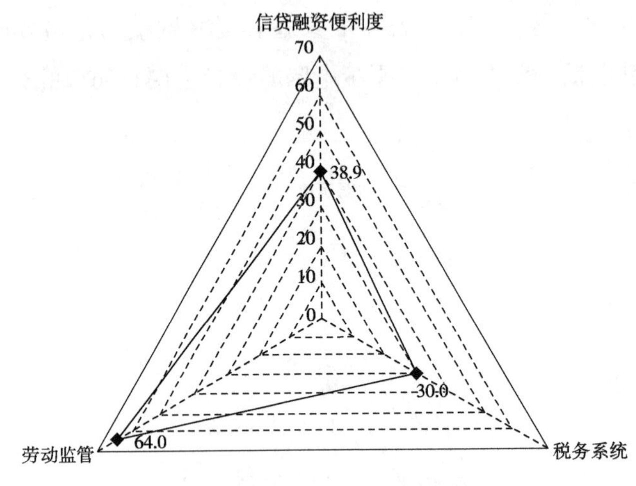

图 9–11　斯洛文尼亚制度指标

克罗地亚在排行榜总分数为 80.2 分，排名第 14 位。在四个分项指标中，克罗地亚基础设施与政治指标得分较高，经济指标得分最低，与斯洛文尼亚类似，克罗地亚的经济也尚处于恢复阶段。1993 年至 2009 年，排在克罗地亚外资来源地前 9 位的国家（地区）分别为奥地利（62.1 亿欧元）、荷兰（44.1 亿欧元）、德国（27.6 亿欧元）、匈牙利（23.1 亿欧元）、意大利（10.6 亿欧元）、斯洛文尼亚（10.6 亿欧元）、卢森堡（9.8 亿欧元）、荷兰安替列群岛（8.7 亿欧元）、英国（4.2 亿欧元），这 9 个国家对克投资占克吸收外资总额的 90.1%，从行业上来看，主要分布于金融业（84 亿欧元）和批发业（26.2 亿欧元）。

表 9–5　克罗地亚总分数及各分项指标分数

国家名称	总分数		基础设施指标		经济指标		制度指标		政治指标	
	得分	排名	得分	排名	得分	排名	得分	排名	得分	排名
克罗地亚	80.2	14	77.6	5	50.1	44	62.6	23	79.4	15

克罗地亚基础设施水平较好，在交通运输方面，以铁路为例，2013 年克罗地亚正式加入欧盟，为了与欧盟进一步接轨，克政府投资 15.12 亿欧元用于改善本国基础设施，投资同比增长 325%。截至 2013 年底，克罗地亚铁路客运量为 2770 万人次，铁路复现率为 10%，铁路隧道共 109 个，桥梁共 596 架。在通信方面，截至 2013 年底，克罗地亚固定电话用户 189 万，普及率为 57%；移动电话用户 630 万，同比上涨 19%。同期，克罗地亚互联网用户 254.1 万，普及率为 71%，其中宽带用户 130 万，普及率 30.5%。

在经济方面，克罗地亚亦尚处于恢复阶段，但其金融系统稳定，经济基本面在缓慢回升，长远来看，经济发展前景较好。

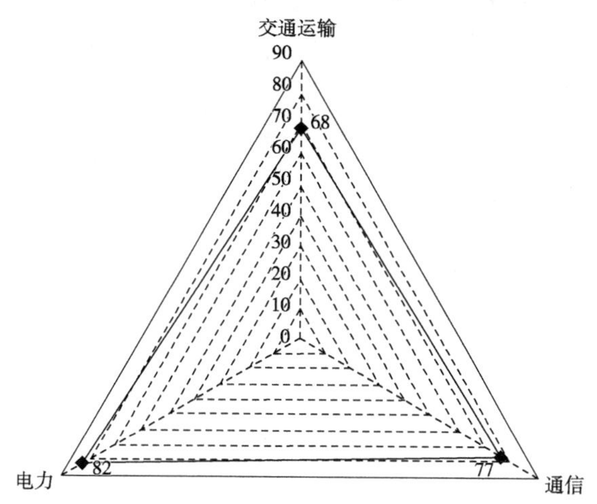

图 9–12 克罗地亚基础设施水平

表 9–6 克罗地亚经济增长情况

年份	GDP（亿美元）	经济增长率（%）	人均 GDP（美元）
2009	635	–6.0	14332
2010	608	–1.2	13750
2011	638	0.0	14506
2012	564	–2.0	13227
2013	558	–1.0	13539

资料来源：克罗地亚国家统计局

科威特在排行榜总分数为 79.7 分，排名第 16 位。在四个分项指标中，科威特经济指标与政治指标得分较高，制度指标得分最低。对科威特直接投资较多的国家有美国、欧盟发达国家（英国、法国、西班牙、葡萄牙）、埃及、日本。近年来，中国投资也在增加。目前，科威特政府希望在废水处理、电力、路桥、电信等基础设施类行业大力吸引外资。这与中国“一带一路”战略的“互联互通”相得益彰，中国可加大对科威特基础设施行业的投资。除此之外，科威特还希望能够在陆运、海运、旅游、房地产、健康、城市开发、信息科技和软件开发等行业吸引外资。

表 9-7　科威特总分数及各分项指标分数

国家名称	总分数		基础设施指标		经济指标		制度指标		政治指标	
	得分	排名	得分	排名	得分	排名	得分	排名	得分	排名
科威特	79.7	16	65	19	73.8	12	45.5	50	76.5	19

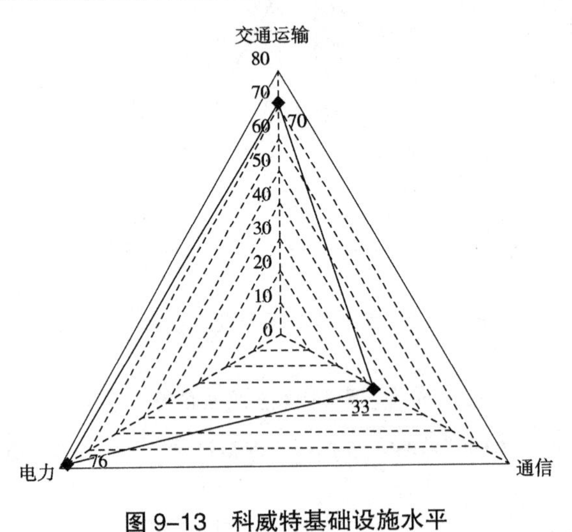

图 9-13　科威特基础设施水平

科威特基础设施水平较高，尽管国家小，但财力雄厚。机场、公路、码头等设施较为完善。科威特公路交通运输发达，现无铁路。科政府计划发展铁路项目，第一阶段，建设连接伊拉克和沙特边境，全长 245 公里；第二阶段，建设连接科威特城和其他地区，全长 171 公里。在科威特所有的基础设施指标中，通信相对较弱，中国企业可做针对性投资。

在制度方面，科威特排名较低，主要原因为其严格的劳动监管制度。比如，科威特本地居民人口仅占该国全部人口的三分之一，本地劳动力人口仅占全国劳动力人口的 17% 左右，且主要集中在政府机关、银行、能源等系统的管理阶层。因此，在科威特经济发展和日常生活中，外籍人口发挥着尤其重要的作用。但是，科威特政府对劳工配额控制非常严格，要想获得劳务签证十分困难，而且周期长、费用高、环节复杂。

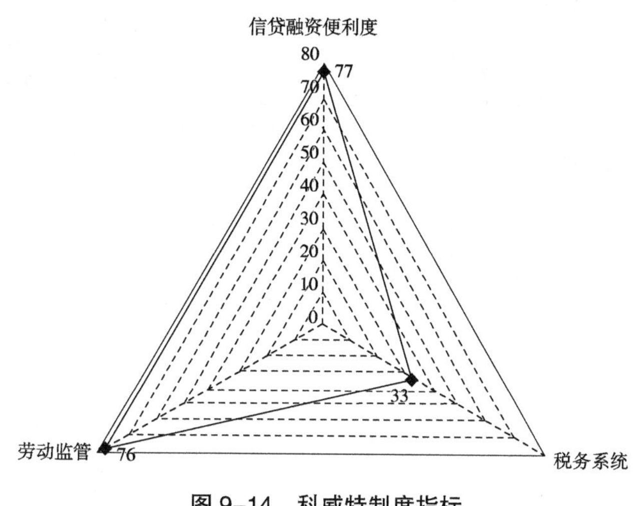

图 9-14 科威特制度指标

附录一："一带一路"沿线国基本情况（2013）*

国家	国土面积（平方公里）	首都	货币	政治体制	GDP（十亿美元）	人均GDP（美元）	人口（百万人）
阿富汗	652300	喀布尔	新阿富汗尼	总统制共和制	20.74	679	30.55
阿尔巴尼亚	28748	地拉那	列克	议会制共和制	12.85	4610	2.79
亚美尼亚	29800	埃里温	德拉姆	半总统共和制	10.55	3208	3.29
阿塞拜疆	86600	巴库	阿塞拜疆马纳特	总统制共和制	73.54	7900	9.31
巴勒斯坦	n/a						
巴林	750	麦纳麦	巴林第纳尔	二元制君主立宪制	32.22	27435	1.17
孟加拉国	147570	达卡	塔卡	议会制共和制	141.28	904	156.30
白俄罗斯	207600	明斯克	白俄罗斯卢布	总统制共和制	71.71	7577	9.46
不丹	38394	廷布	努尔特鲁姆	议会制君主立宪制	1.99	2665	0.75
波黑	51129	萨拉热窝	波黑第纳尔	直接民主共和制	17.83	4598	3.88
文莱	5765	斯里巴加湾市	文莱元	君主专制政体	16.21	39943	0.41
保加利亚	111002	索非亚	列弗	议会制共和制	53.05	7328	7.24
柬埔寨	181035	金边	瑞尔	君主立宪政体	15.66	1016	15.41
克罗地亚	56594	萨格勒布	库钠	议会制共和制	58.06	13562	4.28
捷克	78866	布拉格	捷克克朗	议会制共和制	198.31	18858	10.52
埃及	1001449	开罗	埃及镑	总统制共和制	271.43	3226	84.15

续表

国家	国土面积（平方公里）	首都	货币	政治体制	GDP（十亿美元）	人均GDP（美元）	人口（百万人）
爱沙尼亚	45227	塔林	欧元	议会制共和制	24.48	19032	1.29
格鲁吉亚	69700	第比利斯	拉里	总统制共和制	16.16	3605	4.48
匈牙利	93030	布达佩斯	匈牙利福林	议会制共和制	132.43	13405	9.88
印度	3201446	新德里	印度卢比	议会制共和制	1870.65	1505	1243.34
印度尼西亚	1904569	雅加达	印尼盾	总统制共和制	870.28	3510	247.95
伊朗	1648195	德黑兰	伊朗里亚尔	总统制共和制	366.26	4751	77.10
伊拉克	441839	巴格达	伊拉克第纳尔	议会制共和制	229.33	6594	34.78
以色列	25740	耶路撒冷	以色列谢克尔	议会制共和制	291.50	37035	7.87
约旦	91390	安曼	约旦第纳尔	二元制君主立宪制	33.86	5174	6.54
哈萨克斯坦	2724900	阿斯塔纳	哈萨克坚戈	半总统共和制	220.35	12843	17.16
科威特	17820	科威特城	科威特第纳尔	君主立宪制	185.32	47639	3.89
吉尔吉斯斯坦	199900	比什凯克	吉尔吉斯索姆	议会制共和制	7.23	1280	5.64
老挝	236800	万象	基普	人民代表大会制度	10.00	1477	6.77
拉脱维亚	64589	里加	欧元	议会制共和制	30.95	15205	2.04
黎巴嫩	10452	贝鲁特	黎巴嫩镑	议会制共和制	44.32	9920	4.47
立陶宛	65300	维尔纽斯	立特	议会制共和制	47.56	16003	2.97
马其顿	25713	斯科普里	代纳尔	议会制共和制	10.24	4944	2.07
马来西亚	329847	吉隆坡	令吉	议会制君主立宪制	312.43	10548	29.62
马尔代夫	300	马累	拉菲亚	总统制共和制	2.28	6765	0.34
摩尔多瓦	33846	基希讷乌	摩尔多瓦列伊	议会制共和制	7.94	2229	3.56
蒙古	1566500	乌兰巴托	图格里克	议会制共和制	11.52	3972	2.90
黑山	13812	波德戈里察	欧元	议会制共和制	4.38	7026	0.62
缅甸	676581	内比都	缅元	总统制共和制	56.41	869	64.93
尼泊尔	147181	加德满都	尼泊尔卢比	议会制共和制	19.34	693	27.92
阿曼	309501	马斯喀特	阿曼里亚尔	君主专制政体	80.57	25289	3.19

续表

国家	国土面积（平方公里）	首都	货币	政治体制	GDP（十亿美元）	人均GDP（美元）	人口（百万人）
巴基斯坦	88094	伊斯兰堡	巴基斯坦卢比	半总统共和制	238.74	1308	182.59
菲律宾	299700	马尼拉	菲律宾比索	总统制共和制	272.02	2790	97.48
波兰	312685	华沙	兹罗提	半总统共和制	516.13	13394	38.53
卡塔尔	11437	多哈	卡塔尔里亚尔	君主立宪制	202.56	105995	2.02
罗马尼亚	238391	布加勒斯特	罗马尼亚列伊	民主共和制	189.66	8910	21.29
俄罗斯	17075400	莫斯科	卢布	总统制共和制	2118.01	14819	142.93
沙特阿拉伯	2250000	利雅得	利雅得	君主专制政体	745.27	24847	29.99
塞尔维亚	88361	贝尔格莱德	塞尔维亚第纳尔	民主共和制	42.53	5907	7.20
新加坡	718	新加坡市	新加坡元	议会制共和制	295.74	54776	5.40
斯洛伐克	49035	布拉迪斯拉发	欧元	议会制共和制	95.81	17706	5.41
斯洛文尼亚	20273	卢布尔雅那	欧元	议会制共和制	46.85	22756	2.06
斯里兰卡	65610	斯里贾亚瓦德纳普拉克特	斯里兰卡卢比	总统制共和制	65.83	3162	20.82
叙利亚	185180	大马士革	叙利亚镑	总统制共和制	n/a		
塔吉克斯坦	143100	杜尚别	索莫尼	总统制共和制	8.50	1045	8.13
泰国	513120	曼谷	泰铢	议会制君主立宪制	387.16	5674	68.23
东帝汶	14874	帝力	印尼盾	议会制共和制	6.15	5177	1.19
土耳其	783562	安卡拉	新土耳其里拉	议会制共和制	827.21	10815	76.48
土库曼斯坦	491210	阿什哈巴德	马纳特	共和制	40.57	7112	5.70
乌克兰	603700	基辅	格里夫尼亚	半总统共和制	177.83	3919	45.37
阿联酋	83600	阿布扎比	阿联酋迪拉姆	贵族共和制	396.24	43876	9.03
乌兹别克斯坦	447400	塔什干	苏姆	总统制	56.48	1868	30.24
越南	329556	河内	越南盾	人民代表大会制度	170.57	1902	89.69
也门	527970	萨那	也门里亚尔	邦联制	39.15	1469	26.66

* 按照国家英文首字母排列。

资料来源：中国商务部对外投资指南

附录二：文献综述

根据我们的研究，对外直接投资的相关分析大致可分为两类：定性分析与定量分析。其中，定量部分又分为实证分析（假设检验）与经验判断（企业调查）。本附录将以上述分类为论述顺序，梳理部分相关文献，这些文献是国观智库“一带一路”国别投资排行榜研究的部分基础。

第一节　定性分析

在定性分析部分，本附录将解析《中国企业在美投资的外部环境研究》（清华 - 布鲁金斯公共政策研究中心）、《中国装备制造业海外拓展新阶段》（德勤）、《中国对外直接投资的政治风险》（陈成）、《中国对外直接投资的影响与评价——西方相关研究综述》（李燕、李应博）这四份文献，上述文献都从各自的角度条理性地分析了中国企业对外投资的特点、风险及区位选择因素，对中国“企业走出去”投资具有巨大启示意义，但具体应用在企业“走出去”国别投资选择上，由于未具体对东道国进行研究，亦未将因素指标化，因此在帮助企业选择投资目的国、评估投资预期上仍有一定局限（文献原本或也不在此意）。

一 《中国企业在美投资的外部环境研究》（清华－布鲁金斯公共政策研究中心）

清华－布鲁金斯公共政策研究中心撰写的《中国企业在美投资的外部环境研究》① 系统性地解析了中国企业投资美国的非商业风险。

报告认为目前中国企业投资美国有两个现状。第一，当前，中国对外投资进入快速发展阶段，但是大多数集中在亚洲、非洲和南美洲等发展中国家，对欧美等发达国家的投资较少。中国在美累计直接投资仅为各国对美直接投资存量的0.1%，远低于墨西哥、沙特阿拉伯、韩国、巴西等国家。第二，美国各界对中国投资既有期待也有疑虑。一方面，中国投资对推动地方经济增长和创造就业机会有着积极的作用，美国许多州政府开始在华设立专门机构负责对中国的招商引资。但另一方面，由于中美政治体制与文化传统的差异，美国担心中国的投资可能控制美国经济中的一些领域，对国家安全构成威胁。近年来中国对美投资频频受挫就与美国部分团体的这种心态密切相关。

在此背景下，该报告系统性地分析了中国企业在美投资面临的包括法律审查、政治博弈与企业经营在内的所有外部环境及其相关风险，探索影响中国企业在美投资的制度性原因，并对中国企业赴美国投资提供相应的参考意见。

报告通过回顾主要投资理论、中国对外投资优势与动力及中国企业在

① 清华－布鲁金斯公共政策研究中心（“清华－布鲁金斯中心”）由位于美国华盛顿特区的布鲁金斯学会和中国的清华大学联合创办，成立于2006年，位于清华大学公共管理学院。清华－布鲁金斯中心致力于在中国经济社会变革及维系良好的中美关系等重要领域提供独立、高质量及有影响力的政策研究。清华－布鲁金斯中心以多种形式进行研究活动：为美中两国的学者对中国发展过程中所面临的经济社会问题提供前沿性研究和分析，接待访问研究员，并且组织研讨会、圆桌会议、大型国际会议等，为美中双方的专家学者和政策制定者提供一个加强对话与合作的国际化交流平台。本份报告是清华－布鲁斯公共政策研究中心《政策报告系列四》，作者为俞乔和张书清，前者为清华－布鲁斯公共政策研究中心非常驻资深研究员，后者为清华大学公共管理学院博士后研究员。

美投资遭遇的非商业风险，将中国企业在美的非商业风险划分为被动性风险（法律审查环境）、主动性风险（政治博弈环境）及企业经营风险，并对与以上三个类别相关的美国法律进行解析，且逐项回顾了中国企业遭受挫折的具体案例。以下本文将对上述三种非商业风险进行具体论述。

（一）被动性风险（法律审查环境）

这类风险主要来源于中国企业的直接投资是否违反美国当前与外国投资相关的法律规定，以及是否按照有关制度向主管机构进行申报检查。

1. 行业投资的限制政策

外国对美投资涉及的敏感领域包括交通运输、通信传媒、金融服务、国防工业、能源矿业等。美国法律通过：①规定公司董事会和管理人员中美国公司占有的比例；②规定投资资金来源渠道及投资方式；③监管机构个案审批的方式，来限制外资进入。

2. 兼并收购的监管制度

美国通过反垄断机构的并购控制与证券监管部门的并购审查对外国企业兼并收购本国企业予以监管。

3. 国家安全的审查机制

在美国的跨国并购案还经常受到国家安全考虑的影响，尤其是“9·11”事件以后，在美国的跨国并购案经常受到国家安全考虑的影响。美国具有由外国投资委员会（CFIUS）负责审查、总统有权组织、国会予以监督的一整套有关外资并购的国家安全审查法律体系。

（二）主动性风险（政治博弈环境）

中国企业在美投资进入阶段还面临因政治博弈环境影响导致的主动性投资风险。美国的政治稳定，法律健全，并不存在一般意义上的由于政权更替、军事政变、社会动荡等引起的政治风险，但是美国的公共治理结构建立在动态的政治博弈之上，这使得不熟悉这一外部环境的中国企业面临某种主动性的投资风险，即不同利益集团政治上的反对意见可能会以额外法的形式表现，即政治因素可能导致额外的法律要求，由此引发不可预期的投资风险。

1. 美国国会制度对美国国会决策的影响

美国国会制度是一种以地理（即选取州为单位）为基础的代议制度，这为产业依其所处的地理位置影响选取议员，进而影响国会政治提供了最为直接的条件。

2. 美国产业地理政治对美国国会决策的影响

产业通过其地理位置、分布范围和集中度等地理因素构成产业在国会相对政治权力的基础，影响国会两院的运作，特别是经贸议题方面的决策。

3. 各种利益集团对美国国会决策的影响

华尔街金融集团、企业利益集团、工业利益集团、农业利益集团、宗教和人权组织等通过游说、投票、影响舆论、推荐人才、提供信息的方法影响政府对外经济政策的制定。

（三）企业经营环境及相关风险

中国企业在投资后可能面临各种与他国不同的经验环境及相关风险。美国联邦及州的许多与企业经营相关的法律远比中国的法规严格和刚性。特别是关于员工整顿及再培训通知法（WARNAct）、职业安全及健康法（OSHA）、反歧视法、知识产权记忆环境标准等法律不容丝毫违反。中国企业由于不适应、不了解或会触犯上述法律。

1. 外部环境：环境保护方面

美国的联邦、州和地方法律中规定了无数详细的环保法律，其中一些法律是基于严格的法律责任，而不是基于过失的体系。环境法律顾问和其他顾问的广泛参与是必需的。

2. 外部环节：产品责任方面

根据美国法律，对于制造或销售有缺陷的产品到美国的外国公司，可以追究其对产品责任索赔中的赔偿责任。

3. 内部环境：劳动就业

美国的联邦、州和地方法律规定了在美国的员工招聘、雇用、待遇、福利和解聘，但不适用于美国公司的非美国活动。

4. 内部环境：知识产权

美国知识产权保护方式主要是司法保护，相关法律包括《专利法》《商标法》《版权法》《反对不正当竞争法》。

二 《中国装备制造业海外拓展新阶段》（德勤）

德勤[①] 中国制造业组和德勤中国研究与洞察力中心撰写的《中国装备制造业海外拓展新阶段》对中国装备制造企业海外收购的特点、形式、阶段、偏好等问题进行了详细解析。

报告认为中国装备制造业受益于中国城市化进程加快和固定资产投资的持续快速攀升，在过去三年呈现爆发式增长态势。国家统计局数据显示，2008 年中国机械设备行业主营业务收入为 10 万亿元人民币，到 2011 年，行业主营业务收入达到 21 万亿元人民币，年复合增长率接近 30%。然而，2011 年以来，全球经济颓势加剧，中国经济增长放缓，市场需求的急剧减少令整个行业业绩明显下滑，2012 年更进入探底时期。同时，外延式的增长模式无法掩盖中国装备制造业缺乏核心技术、自主创新能力低下的弱点，中国装备制造业进入产业转型和升级的关键时期。很多企业已经尝试通过海外收购，获得技术的提升。

通过对中国装备制造业海外拓展战略这一课题的广泛研究和行业内深度访谈，德勤发现海外并购已经成为全球金融危机以来中国装备制造业海外拓展的主要方式，并购发起方也从原先以大型国有企业占主导扩大到更多的领先民营装备制造企业的活跃参与。就并购本身而言，大部分中国装备制造业企业的并购仍然以技术目的为主，这也确实符合当前全球装备制造业调整的

① 德勤是全球领先的专业服务事务所之一，在约 150 个国家切实执行全球性客户服务战略。德勤依托由 12 万名专业人士组成的全球网络，在审计、税务、企业管理咨询和财务咨询等四个领域为超过一半的全球最大型企业、全国性大型企业、公共机构、当地的重要客户以及众多发展迅速的全球性公司提供专业服务。目前，德勤公司的主要服务项目有会计和审计、税务咨询和税务规划、信息技术咨询、管理咨询以及兼并和收购咨询。德勤中国制造行业组由分布在全国 15 个分所的约 100 名合伙人及 1500 名专业人士组成，主要研究领域为汽车、加工制造业、航空航天和国防、工业产品。

趋势和中国企业自主创新能力发展的阶段。

基于此，该报告旨在解答以下问题：①中国装备制造企业的海外收购热潮是昙花一现还是预示行业的发展趋势？②已经发生的海外并购交易表现如何？③企业如何提高海外并购的成功率并真正创造价值？（报告中的装备制造业重点不在铁路、船舶、航空航天业，由于中国企业自身能力和其相关技术的高敏感度的原因，上述行业短期内少有海外并购。）通过对国际、国内成功案例的分析，报告旨在给更多正在备战或已有海外并购计划的中国装备制造企业提供决策参考。

报告认为，中国装备制造企业海外收购分以下四个阶段。

表　中国装备制造企业海外收购四个阶段

	并购发起方	主要行业	资金主要来源	被并购企业	并购诉求
第一阶段 2001~2004 年	大型国有企业	纺织、印刷	政府支持下的贷款、自有资金	当地淘汰产业、濒临破产清算。	主要为缩短国内落后产业追赶国际水平所需时间。
第二阶段 2004~2007 年	大中型国有企业，包括地方国有企业	机床工具	政府支持下的贷款、自有资金、股市募集资金	开始衰退的海外企业，但符合国内未来五年发展需要。	争夺国内市场中的进口高端产品份额，快速获得海外先进技术并建立研发团队。
第三阶段 2007~2010 年	国有企业、民营企业	能源设备、精密机械	股市募集资金	国外行业布局改变出现经营下滑的企业以及技术较国内略有领先的未来潜在竞争者。	着眼全球市场份额，消灭未来潜在竞争者，实现国外国内公司研产销形成快速融合。
第四阶段 2010 年之后	发起方多样化，包括国有企业、民营企业、私募股权投资基金	工程机械等	股市募集资金、投资机构	国外具有良好口碑，销售市场良好，企业产供销经营链完整，拥有重要核心技术的企业。	关注全球化战略目标，在海外打造完整产供销经营链，形成在海外的第二生产基地，关注企业自身的可持续发展性。

目前，中国装备制造业海外拓展已进入新阶段，具有以下六个特点。

1. 中国制造业的海外拓展进入由装备制造业引领的新阶段

中国制造业的出口曾主要以小商品和纺织制品为主，但是从2000年以来，根据海关总署的统计，机械及运输设备出口占比快速增长并大幅超越纺织制品，到2011年底，已经占据中国总出口的47%，这见证了随着中国经济的成长与成熟，中国出口向高附加值产品转移的趋势。与此同时，中国制造业海外拓展的形式从出口、建厂过渡到海外收购兴起。2012年前三个季度，中国装备制造企业海外并购交易的金额占据中国制造业海外并购交易总额的45%。金融危机无疑为海外并购提供难得机遇，但这更是中国制造企业为实现产业升级而进行的理性选择。

2. 私募股权基金积极参与装备制造业大型海外并购交易

在中国企业海外收购的初期阶段，交易参与者以国有企业为主导，基本采用纯现金收购模式。2008年以来，私募股权投资基金也作为收购方积极参与中国企业海外并购，积极促成多起大型交易。除了资金方面的支持，私募股权投资基金还为企业提供专业建议或帮助企业多方沟通，以弥补中国企业在海外并购中法律法规陌生、文化水土不服等方面的不足。装备制造业的海外收购将在未来几年成为中国跨境并购的重点之一，而私募股权投资基金将是产业资本进行海外收购的重要合作伙伴。

3. 中国装备制造业海外收购以获取技术为主要诉求，仍然以中国国内为主要销售市场

不同于发达国家企业以区域扩张、渠道整合、丰富产品线为主要诉求的海外收购，中国装备制造企业海外收购以获取关键技术为核心，产品销售则首先着眼于国内市场，再有选择地开发国际市场，逐步实现全球化竞争。这一普遍实践由中国装备制造业市场规模全球领先，而关键零部件与核心技术主要依靠进口的特点决定，这也是“十二五”规划要求企业加强创新和积极参与全球资源配置的体现。

4. 中国装备制造业海外收购以德国、美国为主要目标国，并购规模趋向

理性

2001~2012 年上半年中国机械制造企业海外并购完成数量按照目标国排序，德国、美国作为全球工业领域的领跑者仍然成为中国企业最为青睐的并购目的地，分别发生 19 起和 8 起交易。而中国香港则由于其特殊的政治环境以及区域金融中心的地位，也成为国内企业走向海外的中转站。在与企业访谈中，德勤发现，经历了并购后整合的艰难之后，多数企业在并购规模的考虑上趋向理性，未来中国装备制造业海外并购也许少有“蛇吞象”式的交易，越来越多的企业选择规模适中的收购目标，并购交易数量将持续增长。

5. 中国装备制造业海外收购的最大障碍源于出售方对中国企业的不了解或不信任

欧美国家的优质资产成为中国装备制造企业的主要收购目标，尽管中国企业资金实力雄厚，很多时候却无法打动出售方。主要原因是当地企业和政府对于中国企业技术转化利用能力、持续运营和品牌管理能力，以及处理当地劳资关系的能力心存疑虑。

6. 成功的海外收购基于并购后快速、准确地设定目标市场、确立整合重点

分析全球装备制造业海外并收交易，我们发现真正为企业创造价值、表现优异的交易仅占总交易量的 23%，表现一般的占比 47%，表现不佳的为 30%。成功的并购者从交易的初始阶段到整合完成，始终密切关注目标市场变化，以此指导企业的决策和行动。

三 《中国对外直接投资中的政治风险》（陈成）

由苏州大学东吴商学院[①] 的陈成撰写的《中国对外直接投资中的政治风

① 苏州大学东吴商学院（财经学院）前身为 1982 年苏州财校并入苏州大学时成立的财经系。1985 年 6 月经江苏省人民政府批准，由省财政厅参与投资建设更名为苏州大学财经学院，也是苏州大学建立最早的二级学院。2002 年更名为苏州大学商学院。2010 年 4 月苏州大学与东吴证券股份有限公司签订协议共建苏州大学商学院，更名为苏州大学东吴商学院。

险》梳理了海外市场主要存在的四大政治风险，有助于中国政府和企业认识并防范对外直接投资的政治风险。

报告认为，中国对外直接投资持续增长，中国企业在“走出去”的过程中也遇到重重困难，其中，政治风险已经成为国内企业对外直接投资过程中面对的最为重要的外部问题。在新时期如何深化企业对政治风险的认识、加强政治风险防范机制的研究成为需要深入研究的课题。基于此，该报告通过分析中国对外直接投资过程中遭遇的政治风险类型，探讨了政治风险产生的原因，并提出了中国企业对外投资规避政治风险的对策措施。

该报告首先对对外直接投资政治风险的表现形式做出了大致划分，即分为“没收、征用和国有化”“战争、政变和社会动荡”“政府干预、制裁”以及“恐怖主义”四个方面。其次，对中国对外直接投资政治风险产生因素进行了梳理，认识到“共性因素”和“特殊因素”（特殊的所有权带来的意识形态风险）是风险产生的主要原因。最后，根据这些认识与分析得出中国对外直接投资政治风险的防范机制，分别从企业层面和政府层面提出合理化建议。以下将对上述四种非商业风险进行具体论述。

1. 没收、征用和国有化

即东道国政府强制性取得跨国公司在东道国经营机构所有权的方式。其中在没收和征用方式下东道国政府无须对跨国公司做出任何补偿，而在国有化方式下政府会对跨国公司做出一定补偿，但这种补偿通常无法弥补经营机构的损失。

2. 战争、政变和社会动荡

战争、政变会动摇东道国政府的存续性和合法性，降低政府在投资者之中的信用等级，可能发生被动的政府违约现象，使投资者遭受损失。此外，由战争动乱带来的社会环境的破坏使得企业无法正常运营，甚至遭遇直接的资产损失。

3. 政府干预、制裁

政府干预和制裁都是东道国政府对外资企业设置障碍，阻碍其正常经营运作，从而导致外商投资企业亏损或破产的经济行为。

4. 恐怖主义

由于恐怖主义往往带有强烈的政治目的性，策划者往往借由恐怖袭击行为表明立场或意图，因此具有国际影响力的跨国公司成为恐怖主义袭击的重要目标。

四 《中国对外直接投资的影响与评价——西方相关研究综述》（李燕、李应博）

清华大学公共管理学院[①]的李燕和李应博撰写的《中国对外直接投资的影响与评价——西方相关研究综述》梳理了关于中国 OFDI 的研究，将西方文献中影响中国对外投资的因素分为东道国因素、母国因素和两者联系三个方面。

报告认为目前中国已经是世界排名第三的资本输出国，对外直接投资（OFDI）在中国新一轮的经济发展和科技进步中具有独特地位和重要作用。基于此，文章分析了国外对 OFDI 研究的相关文献，从对外直接投资的动机、进入模式、影响因素、对东道国和母国的作用四个方面进行了综述。在影响因素方面，报告认为东道国因素、母国因素和两国联系影响企业对外投资。

1. 东道国因素

就东道国因素来说，主要有东道国的市场大小（潜力）、劳动力水平、区域集聚、自然资源、社会环境（腐败水平、人权水平等）、技术水平等。西方学者的主要观点包括东道国的经济增长前景和宏观经济的稳定对吸引中国对外直接投资有显著作用；多边贸易、东道国市场规模、东道国 GDP 增长

① 清华大学公共管理学院成立于 2000 年 10 月。学院成立以来，融入于清华大学建设一流大学的伟大实践中，为国家和社会培养现代公共管理人才、加强公共政策与管理的研究、促进中国的改革与发展、实现中华民族在 21 世纪的腾飞做出了积极的努力。清华大学汇集理工文结合、多学科交叉的综合优势，拥有教育、科研所需要的良好环境和氛围，融合并继承培养高级人才的优良传统和丰富经验，这些优越条件为公共管理学院的建设与发展创造了良好的环境，提供了坚实的基础。

性、东道国开放性是中国对外直接投资的主要驱动力；资源储备在中国的对外投资活动中起重要作用等。

2. 母国因素

就母国因素来说，主要有经济基础、政府政策、企业所有权性质、本国的利率、技术水平、资源进口量、开放度等。西方学者的主要观点包括有中国国内机构投资者存在的上市公司更容易进行对外投资；中国国内企业的生产率、技术能力、出口经验影响公司的对外投资决策等。

3. 两国之间的联系

就两国联系来看，主要是从重力模型出发，考虑文化因素、汇率、地理距离、贸易、人口流动等。西方学者的主要观点包括文化近似对 OFDI 有显著影响；国家间人口流动可以有效促进 OFDI 流动；汇率利好对国有企业对外投资有显著作用等。

第二节　定量分析—实证分析

在定量分析—实证分析部分，本附录将解析《中国对外直接投资区位选择的影响因素研究》（王胜、田涛）、《决定中国对外投资的因素》（Ivar Kolstad 和 Arne Wiig）、《揭示中国对外直接投资领域背后的复杂动机》（张一和 Hein Roelfsema）、《外交与投资——中国案例》（张建红等）及《日本制造业跨国公司在亚洲各国的投资目的地排名：文献调查说明索引》（日本九州大学东亚发展国际研究中心 ICSEAD 及经济研究生院 Eric D. Ramstetter）五篇文献。其中，前四篇文献与中国对外直接投资相关，第五篇文献的研究对象是日本制造业跨国公司。定量分析—实证分析类报告的分析方法是首先进行文献综述，梳理因素，然后建立假设，对面板数据进行实证检验。国观智库“一带一路”国别投资排行榜研究亦采用了此类研究方法。

包括上述文章在内的中国对外直接投资类报告普遍存在两个问题。第一，数据引用较老，多数文献的数据都在 2008 年以前，即全球金融危机之前。但金融危机前后世界经济及对外直接投资态势均发生较大变化。2008年前后的中国对外直接投资亦发生了相应变化，以2008年以前的数据来分析当今的“一带一路”投资显然是不准确的。第二，目前无针对中国企业在“一带一路”沿线国投资的相关报告，主要体现在：①没有对“一带一路”投资环境进行系统研究；②没有适用于“一带一路”投资的指标。基于以上两点，国观智库“一带一路”国别投资排行榜弥补了市场空白。

一 《中国对外直接投资区位选择的影响因素研究》（王胜、田涛）

武汉大学经济与管理学院[①]的王胜与田涛撰写的《中国对外直接投资区位选择的影响因素研究》利用中国与东道国2003~2011年的面板数据，并采用最新发展的泊松伪极大似然估计方法分析影响中国OFDI选择因素可能存在的国别与地区差异。

报告认为，近年来中国OFDI发展迅速，已遍布全球177个国家和地区。然而由于东道国资源禀赋、经济发展状况以及对外直接投资目的与内在驱动力的差异，可能会使得影响我国对外直接投资的区位选择因素存在国别与地区的差异。因此该报告在前人研究的基础上，通过将中国OFDI的主要东道国划分为经济发达国家、资源丰裕类国家以及新兴经济体及其他不包含资源丰裕类与新兴经济体的发展中国家，利用中国与东道国的面板数据并采用最新发展的泊松为极大似然估计方法来分析影响我国OFDI选择因素可能存在的国别与地区差异。

报告选择如下六个变量作为中国企业OFDI区位选择的影响因素。

1. 东道国市场规模与经济实力的影响

母国与东道国的经济总量与市场规模都会影响母国企业的对外直接投资。

① 武汉大学经济与管理学院前身是1893年清末湖广总督张之洞创办自强学堂时设立的商务门。1927年国立武昌中山大学设经济科，由经济学系和商业学系组成。1928年国立武汉大学设经济学系、商学系。2001年1月原武汉大学商学院、原武汉水利电力大学经济管理学院、原武汉测绘科技大学人文管理学院市场营销专业合并组建成新武汉大学商学院。2005年8月，商学院更名为经济与管理学院。

当母国的市场达到饱和时，母国企业就会考虑在国外投资建厂或者建立销售网络。东道国经济总量越大，对母国企业产品的有效需求就越大。反映东道国市场规模与实力的指标有：①母国 GDP（报告认为只有当母国经济总量达到一定规模，企业积累了足够的剩余资本后，母国企业才开始考虑对外直接投资）；②东道国 GDP。

2. 贸易因素

贸易因素在以下三个方面起作用：①当东道国为了保护本国的产业而设置较高的关税与贸易壁垒时，母国企业会通过直接投资来绕开东道国贸易与非贸易壁垒；②当东道国贸易依存度较高时，东道国经济开放水平较高，外来直接投资的门槛相对较低；③母国与东道国双边贸易额越大，两国经贸关系越紧密，企业进行直接投资的可能性越大。该论文采取的反映贸易因素的指标有：①中国与东道国双边贸易额；②东道国的对外贸易依存度。

3. 制度因素

有学者认为，中国企业倾向于选择具有严格政治体制与经济相对自由的国家或地区进行投资。该论文采取的反映制度因素的指标是传统基金会指数。

4. 文化与地理因素

文化因素：当母国与东道国或地区具有共同语言时，说明两国具有相似的文化传统与价值观，两国（或地区）经贸交流更加紧密。地理因素：两国地理距离影响跨国企业的运营成本，对 OFDI 产生负面影响。该论文引入 3 个虚拟变量代表影响母国对东道国投资的文化与地理因素：①两国是否具有共同边界；②两国是否具有共同语言；③母国与东道国的地理距离。

5. 技术资源

中国对外直接投资的目的之一是通过开展高新技术与研发合作来弥补母国国内技术资源不足。随着中国经济快速发展，越来越多的企业意识到技术是实现产品差异化及保持企业核心竞争力、促进产品结构升级的关键因素。该论文选择东道国每万人申请专利个数来反映东道国技术水平与研发能力。

6. 劳动力成本

中国劳动力成本以及土地资源均已出现供给瓶颈，以劳动密集型企业为代表的投资者开始考虑对一些劳动力价格相对低廉、土地资源相对丰富的国家进行投资。该论文选择以东道国人均国民收入作为劳动力成本的代理变量（作者认为东道国人均国民收入越高，劳动力成本越大，东道国吸引以追逐低廉劳动力为目的的直接投资越少）。

随后，报告采用中国对外直接投资统计公报上 2003~2011 年的数据，按投资存量排名，并对前 20 个国家进行分类，分类依据为各国的资源禀赋情况及经济发展水平。在实证方法的选取上，为了克服内生性，采用了面板数据三维固定效应引力模型。而为了比较我国对外直接投资影响因素的国别差异，本文设计了 4 个研究方案：方案 1 将 20 个东道国作为一总体进行估计；方案 2 仅将资源丰裕类国家作为一个样本进行估计；方案 3 将经济发达国家作为一个样本进行估计；方案 4 为仅包含新兴经济体与发展中国家样本进行估计。

检验后研究表明，影响我国 OFDI 区位选择因素存在显著的国别差异。总体上看，我国经济发展水平越高，对外投资规模越大，并且倾向于在经济规模较大、政治稳定且经济开放度较高的东道国进行投资。我国对资源丰裕类国家投资的主要目的是为了获得稳定的能源与资源供给，因此影响我国 OFDI 对资源丰裕类国家选择的因素除了我国与东道国经济总量以外，双方是否存在稳定的经贸往来是决定我国 OFDI 投资于资源丰裕类国家的重要因素，而东道国经济是否自由以及对外贸易依存度水平则对我国 OFDI 的区位投资选择影响不大。我国对经济发达国家的投资主要以突破与规避贸易壁垒以及开拓新市场为主要目的，而以获取发达国家高新技术、实现创新资产为目的的 OFDI 水平较低。我国对新兴市场经济国家与其他发展中国家投资的主要目的是为了突破贸易壁垒，其主要影响因素为东道国政治是否稳定、经济是否自由以及对外贸易依存度水平等。

二 《决定中国对外投资的因素》（*What Determines Chinese Outward FDI?* Ivar Kolstad and Arne Wiig）

位于挪威卑尔根市的智库 The Chr. Michelsen Institute[①] 的研究人员 Ivar Kolstad 和 Arne Wiig 所撰写的《决定中国对外投资的因素》以假设检验的方式证明决定中国对外投资的因素，其中，重点强调东道国政府情况、资源禀赋及二者相互作用这三个指标。

报告认为，近年来，中国海外投资增长迅速，但外界却对此褒贬不一，一方面，有学者认为，中国的海外投资对东道国来说是一项利好，有助于东道国发展，尤其是从技术转移的角度出发；但另一方面，也有学者认为，中国投资及中国资金的流入实质上扶持了东道国的不良政府。

除评价外，学界对中国海外投资的研究也不多，作者认为迄今仅有三篇学术问题专门研究中国 OFDI 的驱动因素和影响结果，且这三篇文章结论不一，Buckley *et al.*（2007）称独裁政府国家更青睐中国 FDI；Qian（2008）研究认为，中国 OFDI 的流向与东道国政府“好坏”无关，与资源禀赋有关；而 Cheng 和 Ma（2008）的研究则既没有考虑东道国政府情况，也没有考虑资源禀赋。Ivar Kolsta 与 Arne Wiig 报告认为上述三篇报告存在两个问题：① Buckley *et al.*（2007）、Cheng 和 Ma（2008）的研究存在数据选取问题，两篇文献都使用报批数据来反映中国 OFDI，但由于中国海外投资非报批的情况也存在，因此，该报告使用了实际投资数据来反映中国 OFDI；②之前的文献将“东道国政府情况”与“资源禀赋”作为两个指标，并未考虑两个指标存在相关性，该报告从以上两个角度重新对中国 OFDI 的决定因素进行选择与排序。

---

① The Chr. Michelsen Institute 于 1930 年创立，是斯堪的纳维亚最大的发展研究中心。该智库是独立的、非盈利的研究基金会，以政策为导向，关注应用发展研究。该智库共有 40 名研究人员，主要是人类学家、经济学家和政治学家，其资金来源主要是挪威研究委员会（NFR），项目支持主要来自挪威国家部门和机构、挪威和国际非政府组织。

报告首先根据文献设定三个假设：①不良政府更青睐中国 FDI；②资源富裕型国家更青睐中国 FDI；③政府良治与资源禀赋的相互作用和中国 OFDI 负相关。其次，该报告对上述假设进行检验，第一步，将“政府治理”“资源禀赋”“政府治理与资源禀赋相互作用”及调整系数（GDP、贸易水平、通胀水平、距离）与中国 OFDI 建立相关函数，检验 *X* 方各分析项之间是否相关，并排除高度相关项；第二步，建立回归函数，检测各项变动与 *Y*（中国 OFDI）变动的关系，证明第三个假设。

报告选取的指标如下。

1. GDP

含义：东道国 GDP

东道国 GDP 反映其经济规模，经济规模大越易吸引市场驱动型投资者，越会促进 FDI 流入。

2. 贸易依存度

含义：东道国进出口额占 GDP 比重

各种学术文献认为，贸易依存度较高的国家吸收 FDI 程度更高。

3. 通胀水平

含义：通胀率

通胀率是衡量东道国宏观经济稳定性的重要数据。

4. 距离

含义：东道国首都与北京（中国首都）的距离

东道国与母国距离过远会造成投资成本过高。

5. 政府治理

含义：法制程度

文章假设不良政府更青睐中国 FDI

6. 自然资源

含义：石油、矿石与金属出口占 GDP 比重

文章假设资源富裕型国家更青睐中国 FDI。

7. 政府治理与自然资源交互项（两者相乘）

文章假设东道国政府良治与资源禀赋的相互作用和中国 OFDI 负相关。

检验结果表明，东道国政府良治与资源禀赋的相互作用与中国对外直接投资相关。东道国制度越差，越吸引中国 FDI 投资其自然资源。作者认为，这一结果证明了中国 OFDI 利用当地较差的政治制度以掠夺自然资源的行为。

三 《揭示中国对外直接投资领域背后的复杂动机》（*Unravelling the Complex Motivations Behind China's Outward FDI*，张一和 Hein Roelfsema）

西安交通大学金禾经济研究中心张一和荷兰乌得勒支大学经济学院 Hein Roelfsema 联合撰写的《揭示中国对外直接投资领域背后的复杂动机》以假设检验的方式证明决定中国对外投资的因素，其中，重点强调扩大市场、关系网络及资源寻求在中国对外投资中的作用。

论文认为，在过去，关于 FDI 流量的文献大多集中在探讨发达国家之间的水平市场驱动型 FDI，以及发达国家对发展中国家的垂直效率驱动型 FDI。而近年来，对新兴市场 OFDI 的研究呈上升趋势，尤其是关于中国 OFDI 的文献。但是这些文献均未考虑内生因素，因此无法详细解释具体是什么因素在驱动中国 OFDI 投资，另外这些文献引用的数据相对较旧（1984~2001），而在此期间，中国 OFDI 基本没有变化。

这份报告首先回顾以往文献，并建立三个假设解释中国 OFDI 的高低起伏；其次，解释数据并讨论具体案例；最后，进行面板数据估测，调查相关因素与中国 OFDI 的因果关系。

文章的三个假设依次如下。

文章假设 1：扩大市场为中国 OFDI 重要驱动力。

中国跨国公司往往对其现有的主要出口市场投资较多，说明中国 OFDI

作为“出口”后的又一重要渠道用来增加外国市场份额。由于中国出口商品主要为加工产品，因此相当多的中国 OFDI 集中在服务产业用于支持这些出口（OECD，2008）。

文章假设 2：利用全球关系网联系为中国 OFDI 重要驱动力。

近年来，中国跨国公司在海外投资的地区往往通过社会和商业网络与中国企业家相关，该假设为 LLL 理论提供支持。

文章假设 3：寻求资源为中国 OFDI 重要驱动力。

中国的经济发展依赖稳定的能源和矿物供应，因此，在全球范围内寻找充足的自然资源是中国 OFDI 的重要驱动因素。

为证明上述假设，论文选取了如下指标。

1. 扩大市场指标

出口，指标为中国对该东道国的出口量（按审批）。

东道国市场潜力，指标为距离加权 GDP。

2. 关系网络指标

汉语普及度，当地汉语使用程度，考察文化相近性。

东道国对中国的 FDI。

3. 寻求资源指标

自然资源，指标为东道国燃料、矿石和矿物质出口占整体商品出口的比例。

科技水平，指标为高科技出口占整体商品出口的比例、年均专利注册量、GDP 中研发支出比例、已收特许权使用费和执照费。

4. 控制变量

前一年 FDI 流出（按审批）。

人均 GDP，反映东道国薪资水平。

检验后表明扩大市场、关系网络及寻求资源是驱使中国对外直接投资的重要因素。

四 《外交与投资——中国案例》（*Diplomacy and Investment—the Case of China*，张建红等）

荷兰洛德大学商学院的张建红等撰写的《外交与投资——中国案例》首次系统性地将外交因素作为首要指标研究发展中经济体对外投资的模式。

报告认为，中国领导人出访往往伴随着对该国较大金额的 OFDI 投资，因此外交活动是对外投资和对外贸易的重要因素之一，但是这方面的资料却相对较少，尤其缺少发展中经济体在对外直接投资时外交活动的作用。因此，该报告旨在研究以下三个问题：①双边外交活动是否能够促进 OFDI 增长，双边外交冲突是否会导致 OFDI 下跌；②双边外交活动的频繁能否促进敏感但是对投资国来说相对重要的 OFDI，如资源寻求型投资；③双边外交活动能否补偿东道国机制所存在的问题，如政治不稳定，或缺乏双边投资协定等。

报告通过文献综述建立以下假设。

假设 1：中国与东道国双方领导人互访有助于中国 OFDI 流向该国。

假设 2：中国与东道国的政治冲突导致中国对该国 OFDI 减少。

假设 3a：中国与东道国的友善型外交活动有利于中国 OFDI 流向资源丰裕型东道国。

假设 3b：中国与东道国的友善型外交活动有利于中国 OFDI 流向市场规模大的东道国。

假设 4a：中国与东道国的友善型外交活动可以补偿东道国在政治稳定上的缺失，即外交活动在风险较高的国家所起的作用比在风险较低的国家所起的作用更大。

假设 4b：中国与东道国的友善型外交活动可以补偿双方在双边政治协议上的缺失。

检验后表明：首先，中国与东道国之间积极的双边外交关系有利于中国对其直接投资，尤其是双方高层频繁互访为中国对其直接投资创造良好机会；

其次，中国与东道国之间积极的双边外交关系有助于中国投资其较为敏感的行业，如资源相关类（论文认为，资源是中国对外直接投资的重要原因之一，但是中国能否落实对外资源投资项目取决于中国政府的外交手腕）；再次，中国与东道国之间良好的双边外交关系可以弥补东道国在良治上的不足，论文证明，政治制度较差的东道国难以吸引中国投资，但如果双方关系良好，此不足可以得到弥补；最后，论文还证明，中国与东道国之间建交关系越长，双边姐妹城市数量越多，中国对其投资就越多。

五 《日本制造业跨国公司在亚洲各国的投资目的地排名：文献调查说明索引》（Eric D. Ramstetter）

日本九州大学东亚发展国际研究中心 ICSEAD 及经济研究生院 Eric D. Ramstetter 撰写的《日本制造业跨国公司在亚洲各国的投资目的地排名：文献调查说明索引》[①] 以日本制造业公司为研究对象，分析其在亚洲各国选取投资目的地时的决定因素。尽管该文献不以中国企业为调查对象，但其研究方法值得借鉴。

报告认为，政策制定者长久以来关注跨国公司如何选取投资目的地，以能够有效制定政策吸引外资。同时，跨国公司也在寻找能给予公司比较优势的投资目的地。近年来，由于跨国公司发展迅速、数据开放程度愈来愈高，分析跨国公司投资行为决定因素的学术文献比比皆是，在此背景下，该报告提取各文献研究成果，分析日本制造业跨国公司在选择东道国时的影响因素，丰富东亚发展国际研究中心关于东亚投资环境的研究。

报告通过以下两种方式研究日本制造业跨国公司在亚洲的区域分布。首先，文章对大量的相关文献进行回溯，并总结出影响决定投资目的地的因素，并将其指标化、数据化。报告选出了 10 类决定性指标，共 140 项分项指标。其中 2 类指标与增加营收相关，8 类指标与减少成本有关。其次，在第一步的

---

① 该报告是“东亚投资环境：东亚发展国际研究中心投资目的地排行榜”研究项目的研究成果之一，由东亚发展国际研究中心在 2008~2009 财年承担。

基础上，将该基础指标榜与亚洲的 11 个国家（均为日本制造业跨国公司的主要投资对象）的投资环境相比对，以佐证该基础指标榜的适用性。除此之外，该报告还对基础指标榜的权重进行调整以解释不同的跨国公司在亚洲选择投资目的地时对各决定因素的重要性有着不同的理解。

另外，在第二步的比对过程中，该报告并未选择其他报告常用的 FDI 数据与基础指标榜进行比对，原因是 FDI 本身也是企业融资的一部分，即子公司或东道国经济以外的其他子公司获得的权益和债务。FDI 存量的增加可以用来：①增加固定资产存量；②增加其他资产存量（如股票、债券、银行存款、库存）；③减少他方的权益或债务（如合资伙伴、非相关银行）。②和③的规模常被忽略，FDI 的趋势和模式常被理解成跨国公司的生产活动，而实际上，FDI 的很大一部分是用来调整跨国公司金融资产和负债的。因此，该报告选择了与实际经营活动相关的指标（如子公司销售额）。

10 类决定性指标如下。

指标一，当地市场规模、收入及优惠性市场进入（local market size, income and preferential access）

跨国公司总是在扩大已有市场并寻找新市场，因此，正如联合国贸发会议 1998 年报告所称“东道国的市场规模程度仍然是 FDI 流入的主要因素”（P40）。

指标二，出口市场规模及市场进入（export market size and access）

部分跨国公司在东道国进行生产后主要将产品出口母国，或出口到第三国，这类跨国公司不会过度看重东道国市场规模，而会较为看重其出口市场规模，及出口的难易度。

指标三，劳工成本（labor costs）

劳动密集型的跨国公司选择劳工成本较低的东道国进行与劳工生产相关的作业可以有效减少成本（只要在生产力与工资水平相符的情况下）。对于日本制造业跨国公司来说，东道国廉价且熟练的劳工群体是这些公司出国投资的第二个重要因素。

指标四，资本成本与土地成本（capital and land costs）

资本成本：作者未明示资本成本对促进 FDI 的积极作用，反而列举了很多具有相反结论的文献。作者称，在 Hymer1960 年发表论文之前，资本成本曾被认为是决定 FDI 分布的重要因素之一，但到了 20 世纪 80 年代，各文献开始持相反态度，认为资本成本与跨国公司海外投资决策无关。

土地成本：曾经有部分学者称土地价格高昂的东道国较难吸引外资。但根据日本经济、贸易和工业省在 2006~2008 年的调查问卷，仅有 5% 的大企业和 10% 的小企业认为资本成本和土地成本的低廉是选择该东道国的重要驱动因素。

指标五，其他当地成本（other local costs）

其他当地成本指供应商、交通、通信及商业协调（business coordination）的成本。其中，东道国与母国的距离和 FDI 呈负相关。

指标六，税赋（taxation）

很多文献都提到高税赋阻碍 FDI 流入。但因东道国发展程度的不同，税赋少也不一定就意味着 FDI 会增加。

指标七，国际贸易相关成本（costs related to international trade）

有大量的文献称，对东道国的贸易成本越高，跨国公司越愿意在东道国本地进行投资经营。但作者认为这类情况不适于亚洲发展中国家，通常在这些国家，进口是唯一能够获得精良机器、零部件和优质材料的途径，跨国公司往往需要上述物品来生产高质量的商品或提供高质量的服务。

指标八，外资限制与外资集群（foreign ownership regulations and foreign agglomeration）

发展中东道国与母国双边贸易与投资协议的签订有利于前者吸引 FDI。

外资集群（产业与地域）有利于外资抱团取暖，减少市场进入成本和经营成本。

指标九，宏观经济动荡（macroeconomic instability）

宏观经济动态对跨国公司投资来说是把“双刃剑”，一方面，跨国公司认为经济动荡和不可预测使企业经营徒增成本，但是，另一方面，经济动荡也会给跨国公司带来投资机会。总体来说，宏观经济调控长期存在问题的国家难以吸引 FDI 投资。

指标十，综合治理（general governance）

如腐败、政府稳定性、内部与外部冲突、法律与秩序、民族矛盾、官僚政治、民主问责程度等，综合治理越好的国家越容易吸引 FDI。

第三节　定量分析—经验判断

在定量分析——经验判断部分，本附录将解析《中国企业海外投资风险与预警研究——基于中国非金融对外直接投资案例调查》（李一文、刘良新）、《改善菲律宾投资环境》（*Improving the Investment Climate in the Philippines*，亚洲开发银行）；《投资独联体国家的驱动与障碍》（*The Motives and Impediments to FDI in the CIS*，Alina Kudina 与 Malgorzata Jakubiak）三份文献，其中第一份文献与中国对外直接投资相关，第二份分析国家具体投资环境，第三份分析独联体国家吸引外资的影响因素。

定量分析—经验判断部分的分析方法是首先进行文献综述，梳理因素，其次制作调查问卷，同时选择样本企业填写调查问卷，最后根据企业的回答确定权重，结合各国指标得分计算各国投资环境总分。现关于中国对外直接投资的企业调查大多差强人意，首先，缺乏对“一带一路”国家投资环境的企业调查；其次，问题针对性不强，源于缺乏对各国投资环境的深度了解；最后，样本科学程度不够。国观智库下一步将完善此项工作。

一 《中国企业海外投资风险与预警研究——基于中国非金融对外直接投资案例调查》(李一文、刘良新)

湖南涉外经济学院商学院李一文和刘良新[①]撰写的《中国企业海外投资风险与预警研究——基于中国非金融对外直接投资案例调查》针对风险，即企业经营中的止损部分，制作了一份针对中国海外投资企业的风险预警模型。

报告认为中国非金融对外直接投资流量一直呈高速增长态势，但由于世界的多样性和国际环境复杂性，以及发达国家经济波动的不确定性，中国的海外投资经常会遇到巨大的风险。据商务部统计，截至2011年底中国对外非金融类直接投资企业亏损率达22%，没有盈利的企业达30%以上，海外投资风险的急剧增长已经严重影响了中国企业“走出去”的信心。因此，如何规避海外投资风险已经成为当前政府、学术界和企业关注的热点。近年来，虽然国内外对跨国投资风险的研究很多，部分机构也发布了海外投资风险预警指数，但是至今仍然缺乏一个令人信服的来自中国海外投资企业实际状况的公认的预警指数及模型。尤其是对具有中国特色的海外投资企业，以低技术、低成本、低竞争力、低效管理为特征的资本所面临的国家投资风险的预警仍然是一个空白。该论文的撰写就是为了弥补这一空白。

该报告采取调查问卷的方式，对中国非金融类对外投资企业所面临的各类国家风险进行详尽的调查，把握海外各种因素对中国企业海外投资的影响因子，从而得出准确的预警风险指数，并通过对当今各类国家级别的主要的风险指数与标准普尔、穆迪、富兰德等加以比对，通过实证比对佐证该指数的客观有效性。

① 该报告属以下基金项目的研究成果：教育部人文社会科学规划项目一般项目《我国企业跨国投资经营风险预警与防范系统对策研究》(编号12YJA790075)；湖南省哲学社会科学基金委托项目《湖南企业跨国投资风险预警与控制系统对策研究》(编号11JD41)。作者李一文，湖南涉外经济学院商学院常务副院长，国际经济研究中心主任，经济学博士，教授，研究方向为跨国投资；李良新，湖南涉外经济学院副教授，经济学博士，研究方向为跨国投资。

报告选取的指标如下。

指标一，政治风险

政治风险是由各类国际国内政治性事件导致的投资收益的不确定性，这又细分为战争和内乱、征收、汇兑、政府违约、延迟支付、利润收益转移、市场准入、第三国干预、政治暴力等9小类风险。

指标二，经营风险

经营风险指的是由于海外国家的经济环境对海外投资企业带来的经营的不确定性，包括投资决策、政府监管及服务、国际市场变化、企业技术创新、国际企业管理、境外融资、汇率变动、人事等8个小类。

指标三，法律风险

法律风险指的是由于对海外法律体系不熟悉而导致的中国企业海外经营的收益的不确定性，主要是不合规导致的可能损失。

指标四，文化差异风险

文化差异风险指的是海外文化的不同导致的冲突引起投资收益的不确定性。

指标五，自然性风险以及特定行业风险

自然性风险指的是由于各种自然不可控因素导致的收益的不确定性，包括自然灾害和国际恐怖活动等。

二 《改善菲律宾投资环境》（*Improving the Investment Climate in the Philippines*，亚洲开发银行）

这份报告由亚洲开发银行的“经济与研究部门”（ERD）下的“发展指标与政策研究部”（ERDI）撰写，而报告中的核心部分——关于投资环境的调查由“国家统计办公室”完成。

报告认为在亚太地区，菲律宾、中国、印度及泰国是其中较为杰出的全球化国家，然而相较于其他三国，菲律宾的经济增长步伐明显落后。虽然菲律宾很看重对外资、外贸的开放，但这些还不足够支撑其GDP的稳定增长。在过去二十年内，菲律宾经济呈现“贫血式增长”，这在很大程度上可以解释为萎靡的投资环境——即资本构成、生产效率提升和企业竞争力提高全部受限。亚洲开发银行本着其宗旨——通过发展援助、帮助亚太地区发展中成员消除贫困，并促进亚太地区的经济和社会发展，展开了对菲律宾投资环境及生产效率的研究。投资环境调查（ICS）的目的是找出影响企业发展、阻碍外资增长的原因，并帮助研究有效的政策和机制改革来促进对菲律宾的外国投资，提高生产效率。

报告通过以下三步分析菲律宾投资环境：第一，从菲律宾官方提取反映宏观状况的数据，涉及宏观经济基础情况、基础设施发展及政府管理质量等三部分；第二，为了比较菲邻国的情况，报告应用了全球竞争力报告（GCR 2003/2004）、世界商业环境调查（WBES 2000）以及经商环境报告（2004）的相关数据；第三，由世界银行设计的企业调查问卷，其中不同国家、行业的企业共计 716 家。针对企业经营者的调查问卷分为两部分：①关于企业在开设、与政府打交道、基础设施、法制环境及冲突解决、技术革新以及劳资关系中遇到的阻碍；②企业财务与人力资源问题（这一部分不在我们考虑范围内）。

最终，报告认为：①菲律宾萎靡的宏观经济环境直接阻碍了投资及生产效率的增长；②基础设施的现状对营商环境极为不利，尤其是交通及能源部分；③腐败是企业家最大的担心；④商业流程及规定应实现流线化。

三《投资独联体国家的驱动与障碍》（*The Motives and Impediments to FDI in the CIS*，Alina Kudina 和 Malgorzata Jakubiak）

Alina Kudina 和 Malgorzata Jakubiak 撰写的《投资独联体国家的驱动与障碍》[①] 以调查问卷的方式梳理了影响企业投资独联体国家的因素，以及独联

① 此份报告属于 ENEPO（EU Eastern Neighborhood：Economic Potential and Future Development）项目，由波兰社会与经济研究中心（CASE）配置协调研究资源，并由欧盟第六框架计划出资完成。CASE 分别在吉尔吉斯斯坦、乌克兰、格鲁吉亚、摩尔多瓦及白俄罗斯设立分支机构。CASE 的研究包含一系列经济与社会议题，即欧洲一体化进程的经济效用，欧盟与独联体国家的经济关系，研究对象国的货币政策与欧元区加入、革新与竞争、劳动力市场和社会政策等问题。

体国家的营商环境。

报告认为，近年来，跨国企业在经济转型国家的投资行为迅速加快。中东欧与原独联体国家的经济自由化以及中国与东亚的经济发展吸引了大量跨国企业的投资行为。虽然很多企业取得了成功，但还有更多企业在国际化道路上遇到了问题。一些内部及外部因素决定了企业国际化最终成功与否。近年在这些转型经济体中，原独联体国家经历了外国直接投资的急速增长。

此报告的目的是探索对部分前独联体国家（乌克兰、摩尔多瓦、格鲁吉亚、吉尔吉斯斯坦）的外国直接投资行为的动机，并且分析这些国家的商业及行业环境是如何影响着外国投资者。这项研究对象为有不同投资动机的三类投资者，即市场需求者、资源或劳工需求者以及效益追求者。

报告首先对前人研究进行总结，主要提取针对前独联体国家的 FDI 动机；其次，在第一步基础上设计了一项企业调查问卷。此份问卷在 2007~2008 年期间于上述四国内完成，调查对象为四国共 120 家外资企业代表，问卷主要涉及：①在 CIS 国家投资原因；②营商环境；③对企业经济活动构成的障碍等内容。这项研究补充了早期相关研究（揭示对独联体国家投资者的投资考虑），并通过研究不同类别投资者的投资动机等问题来增加了对投资 CIS 国家的认识。

最后的调查结果如下。

1. 企业调查中投资动机部分

根据报告，指标被分为三类，分别是满足“市场需求者”、“资源需求者”以及“效率需求者”。

“市场需求者”

对于这一类投资者，投资动机主要为服务投资东道国市场。大部分调查中的企业持有东道国市场的大量份额，并表示东道国日益增长的国内市场是吸引企业扩大经营的最主要动力。

“资源需求者”

对于这一类投资者，有三个因素对投资较为重要。一是低成本投入要素的可获得性，即廉价劳动力、能源与原材料等，这些要素获得越便利，投资吸引力便越大；二是熟练工，熟练工越多，投资吸引力越大；三是进入市场（中东欧）便利，意味着投资东道国离中东欧越近，越可以吸引投资者。

“效率需求者”

对于这一类投资者，获得“东道国研究与技术专家”成为投资的主要目的，表现为东道国研究与技术水平越高，越可以吸引外国直接投资。

2. 企业调查中投资限制部分

东道国政治环境的波动性、经济环境的不确定性、法制系统的模糊性、腐败、官僚主义、基础设施的不健全、落后的科技水平、商业技能的不熟练等都会限制外国直接投资。

后　记

本书是国观智库“中国企业走出去系列丛书”的第一部，是我们针对未来十年中国企业将会加快“走出去”步伐而奉献的一部海外市场投资研究产品。

国观智库以“一带一路”战略为政策背景，创新性地对“一带一路”所辐射的64个国家进行“国际通行指标”和“中国因素指标”的系统比对及重组，并根据这些综合指标对64个国家的投资价值进行了排行，为中国企业“走出去”提供了一本投资导航手册。

未来，国观智库还将针对全球热门投资国家和行业、潜力投资国家和行业进行系统、深入、有针对性且具有可操作性的研究。期待国观智库在国际市场投资领域的系列研究产品能为中国企业和资本“走出去”贡献更多理性、务实的投资分析和参考，期待国观智库能成为为中国企业和资本“走出去”开展投资决策研究和服务的高端平台。

本书的出版，要特别感谢全国政协委员、中国社会科学院学部委员张蕴岭先生为此书撰写序言，并对国观智库未来的国际市场投资研究指点迷津，这对年轻的国观智库及其研究员们都是莫大的肯定和鼓舞。与此同时，要特别感谢中国社会科学院亚太与全球战略研究院大国关系研究室主任钟飞腾为本书贡献的思路和框架。同时特别感谢国观智库杰出的研究员团队——张议、刘潇萌、朴珠华、滕卓攸等为本书付出的勤勉与辛劳。

除此之外，要特别感谢社会科学文献出版社经济与管理出版分社对本书出版做出的杰出贡献。他们不仅凭借多年的出版经验发现了国观智库这一研究成果的学术价值和市场价值，还辟出绿色通道，夜以继日地在春节前夕加班赶工，为此书的按期付梓贡献巨大。

国观智库总裁　任力波

图书在版编目(CIP)数据

对外投资新空间："一带一路"国别投资价值排行榜 / 钟飞腾等著. —北京：社会科学文献出版社，2015. 3（2018. 7重印）
（"国观智库·中国企业走出去"系列丛书）
ISBN 978-7-5097-7080-1

Ⅰ. ①对… Ⅱ. ①钟… Ⅲ. ①对外投资-研究报告-中国 Ⅳ. ①F832.6

中国版本图书馆CIP数据核字（2015）第014139号

·"国观智库·中国企业走出去"系列丛书·
对外投资新空间
——"一带一路"国别投资价值排行榜

主　　编 / 任力波
著　　者 / 钟飞腾　朴珠华　刘潇萌　滕卓攸 等

出 版 人 / 谢寿光
项目统筹 / 王婧怡　许秀江
责任编辑 / 王婧怡

出　　版 / 社会科学文献出版社·经济与管理分社（010）59367226
地址：北京市北三环中路甲29号院华龙大厦　邮编：100029
网址：www.ssap.com.cn
发　　行 / 市场营销中心（010）59367081　59367018
印　　装 / 北京虎彩文化传播有限公司

规　　格 / 开　本：787mm×1092mm 1/16
印　张：12　字　数：172千字
版　　次 / 2015年3月第1版　2018年7月第6次印刷
书　　号 / ISBN 978-7-5097-7080-1
定　　价 / 59.00元

本书如有印装质量问题，请与读者服务中心（010-59367028）联系